AF203498

VORWORT

LIEBE RADFAHRERINNEN, LIEBE RADFAHRER,

in diesem komplett überarbeiteten Radtourenbuch finden Sie jetzt 25 Tourvorschläge, auf denen die Region rund um den Naturpark Elm-Lappwald erkundet werden kann.
Das Tourportfolio verbindet auf über 1.000 Kilometern Kulturdenkmäler, Sehenswürdigkeiten und Kleinode dieser interessanten Region. Von der Autostadt in Wolfsburg bis zum Wasserschloss Westerburg und von der Gedenkstätte Deutsche Teilung Marienborn bis zum Schloss Wolfenbüttel vermittelt dieses Buch den Facettenreichtum dieser Region.
Zu jeder Tour gehören jeweils zwei digitale „Stempelstellen" mit umfassenden Informationen im Text- und Audioformat. Mit dieser Neuerung hält das beliebte „Stempel sammeln" jetzt auch bei den Radsportlerinnen und Radsportlern Einzug.
Diejenigen, die 50 digitale Stempel gesammelt haben, erhalten in den Touristinformationen der Region die „Elmi-Radnadel" für den Naturpark Elm-Lappwald.
Die dafür erforderliche App „Elm-Lappwald erfahren" steht im Google Play Store und Apple App Store zum kostenlosen Download zur Verfügung.

Ich wünsche Ihnen viel Spaß bei Ihren Radtouren im Naturpark Elm-Lappwald, gutes Wetter, viele positive Eindrücke und hoffe, dass Sie wiederkommen…

Thomas Kempernolte

INHALT

HINWEIS

Kostenlos im Internet erhältlich:

- **Eine App für Smartphones**
- **Die digitalen Daten der Touren sowie die dazugehörigen GPX-Daten finden Sie auch in den Tourportalen gps-tour.info, outdooractive und komoot**

Die App „Elm-Lappwald Erfahren" können Sie kostenlos im Apple App Store und im Google Play Store downloaden.

DIGITALES STEMPELN UND ELMI-RADNADEL

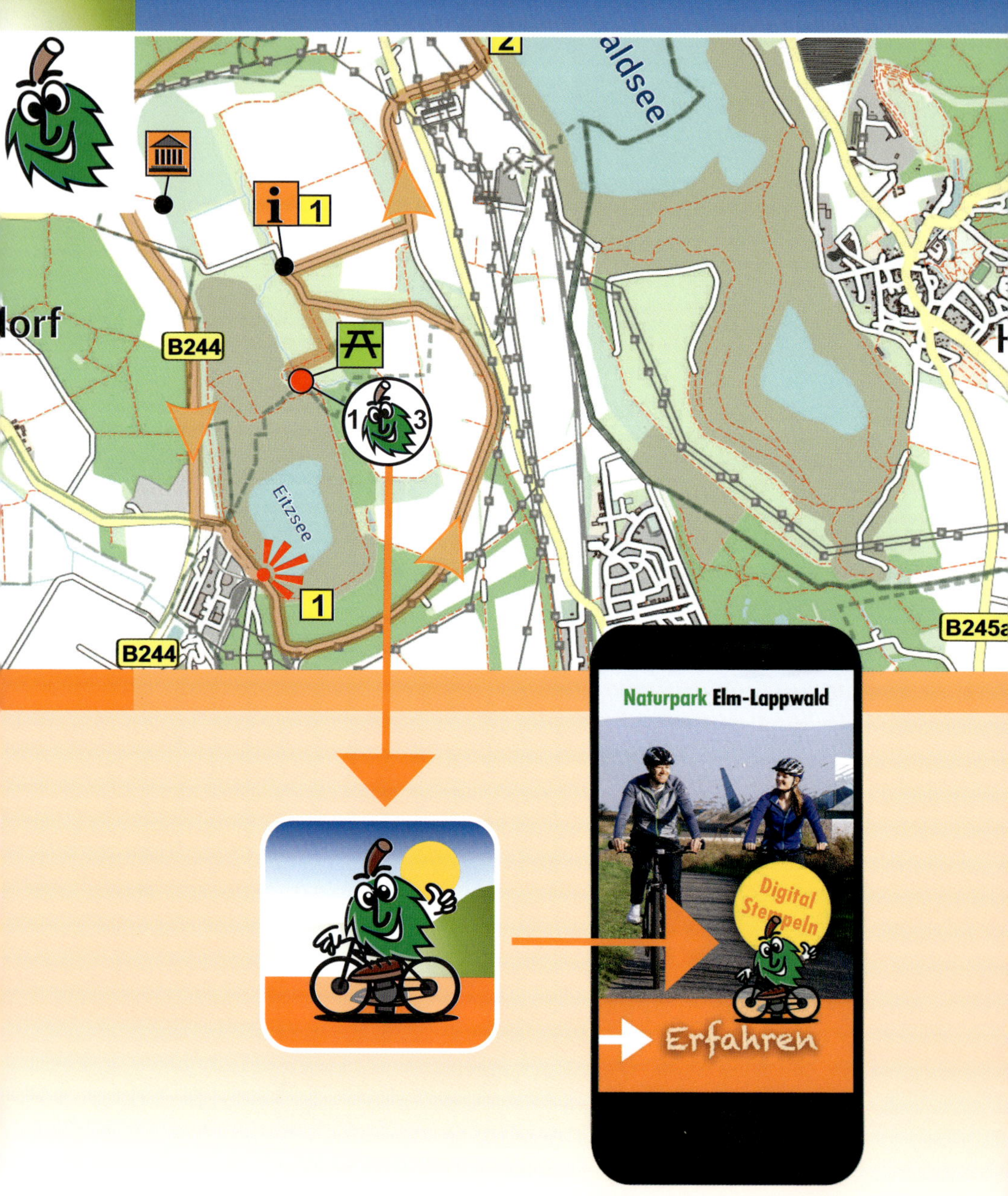

DIGITALES STEMPELN

Die App „Elm-Lappwald Erfahren" ist Ihr digitaler Begleiter auf den Radtouren.
Sie zeigt Ihre aktuelle Position, die Route, Infos zur Tour, aber auch POIs an der Strecke sowie die Position der Info-/Stempelstellen.
Mit ihr können Sie nicht nur die Stempel „digital" sammeln, sondern Sie erhalten auch an jeder Info-/Stempelstelle einen digitalen Sticker.
Wenn Sie in die Nähe der Info-/Stempelstelle kommen, erscheint ein Popup und es ertönt ein Signalton.

Nach Drücken des OK-Buttons erhalten Sie den digitalen Stempel und einen Sticker mit mehr Infos über diesen Ort als MP3-Infos sowie als Bild und Text.
Die Sticker sammeln Sie nun in der App wie analog in einem Album. Diese können Sie jederzeit wieder aufrufen und die MP3-Infos anhören.

ELMI-RADNADEL

Wenn Sie alle 50 Info-/Stempelstellen erkundet haben, können Sie die Stempel in einer Tourist-Info gegen die Elmi-Radnadel eintauschen.

RADTOUREN-STARTPUNKTE

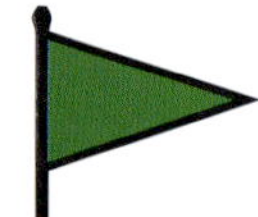

	STARTPUNKT		KM	HM
01	Braunschweig	Kulturschätze rund um den Elm	104,0	900
02	Schöningen	Elmkreisel	72,1	750
03	Schöningen	Grenzenlos - Rundkurs Deutsche Einheit	50,5	500
04	Helmstedt-Brunnental	NaTour-Route	44,9	370
05	Königslutter am Elm	Romanik-Route	34,9	330
06	Helmstedt	Lappwaldsee-Route	18,8	180
07	Helmstedt	Eitzsee-Route	22,6	200
08	Schöningen	paläon-Route	22,6	180
09	Helmstedt	Mittelalter-Rundweg	13,0	160
10	Wolfenbüttel	Till Eulenspiegel-Radweg	63,6	550
11	Königslutter am Elm	FEMO Nord Lutterheide	27,2	140
12	Königslutter am Elm	FEMO Süd Lutterspring	9,9	175
13	Schöppenstedt	Kaiserdom-Route	49,9	630

	STARTPUNKT		KM	HM
14	Warberg	Heeseberg-Route	38,2	450
15	Schöningen	Schöningen-Route	12,7	130
16	Schöppenstedt	Südelm-Route	45,2	450
17	Schöningen	Nordelm-Route	49,3	630
18	Braunschweig	Eulenspiegel zwischen Elm und Asse	65,6	490
19	Ampleben	Schöne-Dörfer-Route	44,6	250
20	Grasleben	Ölper-Route	32,6	280
21	Marienborn	Grenz-KulTour	38,7	370
22	Marienborn	Landwehr-Route	19,1	190
23	Velpke	Nordkreis-Route	43,8	300
24	Velpke	Velpker Schweiz-Route	33,8	140
25	Jerxheim	Westerburg-Route	49,2	280

01

KULTURSCHÄTZE RUND UM DEN ELM

Klosterkirche in Riddagshausen

DAS BRAUNSCHWEIGER LAND IST REICH AN NATURSCHÄTZEN UND KULTURELLEN SEHENSWÜRDIGKEITEN. IM MITTELPUNKT DIESER TOUR STEHEN DIE PRACHTVOLLEN KULTURDENKMÄLER UND KIRCHEN. DAS FORSCHUNGSMUSEUM SCHÖNINGEN (PALÄON) SOWIE DER TAGEBAUINFORMATIONSPUNKT UND DAS GRENZDENKMAL IN HÖTENSLEBEN BIETEN DAZU EIN ABWECHSLUNGSREICHES KONTRASTPROGRAMM. RUND UM SCHÖPPENSTEDT PRÄGT DIE GESCHICHTE VON TILL EULENSPIEGEL DIE RADTOUR. SIE IST ALS 3-TAGESTOUR MIT ZWEI ÜBERNACHTUNGEN IN SCHÖNINGEN GEPLANT.

TOURBESCHREIBUNG

TAG 1 | LÄNGE DER TOUR ca. 46 KM

Vom Startpunkt aus führt die Route nach Königslutter am Elm. Hier gibt es aus guten Gründen den ersten längeren Zwischenstopp, denn auf dem Marktplatz befindet sich das historische Rathaus, die Stadtkirche und das GeoPark-Informationszentrum.

Nur ein kurzes Stück weiter folgt der mächtige Kaiserdom (Stempelstelle 1). Als sächsisches Gegenstück zum salischen Dom in Speyer gehört der Kaiserdom in Königslutter am Elm zu den herausragenden Bauwerken der deutschen Romanik. Auf seiner Rückseite befinden sich die fast 900 Jahre alte Kaiser-Lothar-Linde und gleich daneben das Museum Mechanischer Musikinstrumente. Von Königslutter am Elm führt die Tour nach Räbke. Hier lohnt sich ein Abstecher zur Mühle Liesebach, bevor die Tour vorbei am Erholungspark Räbke und der Schunterquelle hinauf in den Elm führt. Auf dem „Bierweg" am Elmrand entlang geht es weiter gen Osten. Die Alte Burg Warberg liegt genauso auf der Strecke wie das Karl-May-Tal und der Waldelefant am Elmhaus oberhalb von Schöningen. Von hier aus geht es in zügiger Fahrt hinunter zum ersten Tagesziel auf den Burgplatz in Schöningen.

TAG 2 | LÄNGE DER TOUR ca. 13 KM

Am zweiten Tag steht ein Rundkurs in und um Schöningen auf dem Programm, der an den ehemaligen Torhäusern des Schlosses, in der sich auch die Touristinformation und wechselnde Ausstellungen befinden, beginnt.

Kaiserdom mit Kaiser-Lothar-Linde

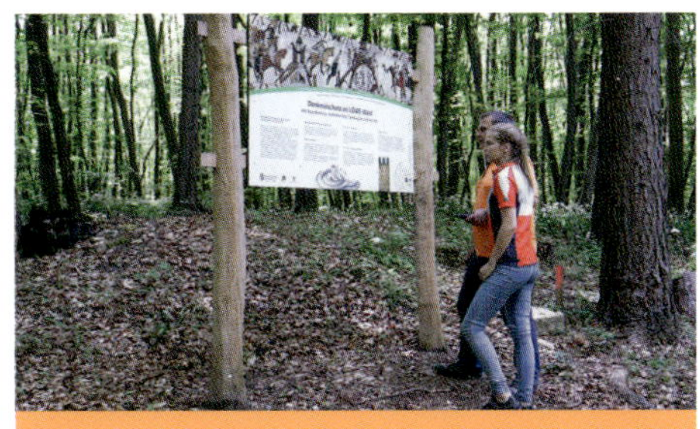

An der Alten Burg Warberg

01 KULTURSCHÄTZE RUND UM DEN ELM

Beginnend mit dem Schloss Schöningen, ein von Welfenherzog Magnus I. errichtetes ehemaliges Jagdschloss führt die ausgeschilderte Radroute über den Marktplatz mit Geschichtsbrunnen, Wassermaid, Altem Rathaus, Heimatmuseum und der St. Vincenz Kirche mit ihren Stilelementen der Renaissance und des Barocks.
Es folgt das Forschungsmuseum Schöningen (paläon), welches zu einer faszinierenden Reise in die Altsteinzeit einlädt. In direkter Nachbarschaft befindet sich der Tagebauinformationspunkt und das Grenzdenkmal Hötensleben, das am besten erhaltene Zeugnis der innerdeutschen Grenzbefestigung.

Aus der Schöninger Feldmark erkennt man bereits die Türme der St. Lorenz-Kirche, die schon von weitem die Silhouette Schöningens prägen. Um die Kirche herum wurde 1996 ein Bibelgarten angelegt, der bei schönen Wetter zum Verweilen einlädt. Von der St. Lorenz-Kirche ist es nur noch ein kurzes Stück, bis der Ausgangspunkt der Tagesetappe auf dem Burgplatz in Schöningen wieder erreicht ist.

TIPP: Kostenlose App im Google Play Store und Apple App Store mit dem Stadtrundgang Schöningen

Am Forschungsmuseum Schöningen

TAG 3 | LÄNGE DER TOUR ca. 45 KM

Gleich zu Beginn der dritten Etappe heißt es kräftig in die Pedale treten, denn die 150 Höhenmeter hinauf in den Elm müssen erklommen werden. In diesem herrlichen Wald führt die Route dann vorbei am Goldenen Hirsch und der Elmsburg, (Stempelstelle 2), auf angenehmen Waldwegen nach Eitzum. Dass man sich nunmehr der „Stadt der Streiche" nähert, ist an den vielen „Eulenspiegel-Stationen", die sich jetzt am Streckenverlauf befinden, zu erkennen. In Küblingen ist der Stadtrand von Schöppenstedt erreicht und an der Altenau entlang führt die Tour auf den Marktplatz, auf dem sich neben dem Rathaus auch einige Eulenspiegel-Installationen befinden. Nicht weit entfernt vom Rathaus lädt das Till-Eulenspiegel-Museum zu einer Besichtigung ein. Kneitlingen, der Geburtsort Eulenspiegels, ist der nächste Etappenpunkt, bevor Tills Taufweg nach Ampleben führt. Mitten im Ort befindet sich der Taufstein, an dem Till seine erste Taufe bekommen hat. Ist anschließend der anstrengende Anstieg an den Elmrand bewältigt, eröffnet sich ein beeindruckender Ausblick in die sogenannte „Toskana des Nordens".

St. Lorenz in Schöningen

Die Route führt Sie nun vorbei an der Obstbausiedlung Evessen zum Rittergut Lucklum. Die Schlussetappe führt anschließend über Neuerkerode und Sickte auf direktem Weg zurück zur Klosterkirche in Riddagshausen.

Lindenallee am Rittergut Lucklum

Rathaus mit Till Eulenspiegel, im Hintergrund St. Stephanus

STRECKENINFO

Länge	104 km
Anstiege	900 Hm
Asphalt	45 %
Schotter	50 %
Pfade	5 %
Schwierigkeit	Mittel
Fahrtechnik	●●●○○
Kondition	●●●○○

Braunschweig
Hordorf
Scheppau
Beienrode
Mariental
Weddel
Schandelah
Lauingen
Barmke
Königslutter
Gardessen
Bornum
Abbenrode
Cremlingen
Destedt
Süpplingen
Helmstedt
Veltheim
Hotzum
Lelm
Sickte
Lucklum
ELM
Frellstedt
Salzdahlum
Volzum
Evessen
Rabke
Wolsdorf
Harbke
Glizum
Ampleben
Warberg
Ahlum
Dettum
Kneitlingen
Buddenstedt
Wolfenbüttel
Eilum
Sambleben
Weferlingen
Eitzum
Reinsdorf
Groß Denkte
Mönchevahlberg
Groß Vahlberg
Schöppenstedt
Groß Dahlum
Schöningen
Altenau
Neindorf
Sottmar
Klein Vahlberg
Klein Dahlum
Hoiersdorf
Ohrum
Remlingen
Watzum
Hötensleben
Kissenbrück
Ingeleben
Uehrde
Barnstorf
A2
A39
B1
B79
B82
B244
0 2,0 4,0 6,0 km
Startpunkt
© OpenStreetMap-Mitwirkende
www.FootMap.de
1 Klosterkirche St. Maria Riddagshausen
2 Kaiserdom
3 St. Vincenz
4 St. Lorenz
5 St. Stephanus
1 Geopark-Info-zentrum
2 Museum Mechan. Musikinstrumente
3 Forschungsmuseum Schöningen paläon
4 Till Eulenspiegelmuseum
1 Alte Burg Warberg
2 Grenzdenkmal Hötensleben
3 Till Eulenspiegel-denkmal
1 Schloss Schöningen
2 Rittergut Lucklum
Schunterquelle
Mühle Liesebach
Elmsburg

02 ELMKREISEL

Schloss Schöningen

DEN ELM, DER ALS GRÖSSTER UND SCHÖNSTER BUCHENWALD NORDDEUTSCHLANDS GILT, MIT DEM FAHRRAD ZU UMRUNDEN, IST EINE SPORTLICHE AUFGABE. DER GESAMTE RUNDKURS IST GESPICKT MIT VIELEN SEHENSWÜRDIGKEITEN, DIE DIREKT AN DER STRECKE LIEGEN. ES IST ALSO EINE AUSGEFÜLLTE TAGESTOUR. ALTERNATIV LADEN DIE HOTELS AN DER STRECKE DAZU EIN, DIE GESAMTSTRECKE IN ZWEI TAGEN ZURÜCKZULEGEN UND SICH FÜR DIE BESICHTIGUNGEN ETWAS MEHR ZEIT ZU NEHMEN

TOURBESCHREIBUNG

Der Start- und Endpunkt dieser Tour befindet sich auf dem Burgplatz in Schöningen. Es handelt sich bei dieser Tour um eine Rundroute, sodass die Tour alternativ an jedem anderen Ort der beschriebenen Strecke begonnen und beendet werden kann.

Vom Burgplatz aus heißt es gleich kräftig in die Pedale treten, denn der Elm muss erklommen werden. Vorbei an der St. Lorenz Kirche und dem Golfplatz führt die Tour zum Goldenen Hirsch und der Elmsburg.

Auf dem Kammweg angekommen, verläuft die Route jetzt quasi auf gleichbleibender Höhenlinie bis an den Waldrand oberhalb von Eitzum. Dass Sie der „Stadt der Streiche" näherkommen, ist an den vielen „Eulenspiegel-Stationen", die sich jetzt auf der Strecke befinden, zu erkennen. In Küblingen ist der Stadtrand von Schöppenstedt erreicht. An der Altenau entlang führt die Tour auf den Marktplatz, auf dem sich neben dem Rathaus auch einige Eulenspiegel-Installationen befinden. Nicht weit entfernt vom Rathaus lädt das Till-Eulenspiegel-Museum zu einer Besichtigung ein.

Kneitlingen, der Geburtsort Eulenspiegels, ist der nächste Etappenpunkt, bevor Tills Taufweg nach Ampleben führt. Mitten im Ort befindet sich der Taufstein, in dem Till seine erste Taufe bekommen hat. Ist anschließend der anstrengende Anstieg an den Elmrand bewältigt, eröffnet sich ein beeindruckender Ausblick auf die sogenannte „Toskana des Nordens". Etwas weiter westlich folgt die Obstbausiedlung Evessen, denn der Südwestrand des Elms bietet gute Voraussetzungen für den Obstanbau. Mehrere Höfe bewirtschaften Flächen mit Apfel-, Birnen- und Kirschbäumen, deren Obst in Hofläden verkauft wird. Vorbei am Erlebnissteinbruch Am Markmorgen (Stempelstelle 3) führt die Tour über Erkerode zum Rittergut Lucklum.

Erlebnissteinbruch Am Markmorgen

Rittergut Lucklum

Diese jahrhundertealte Gutsanlage mit Herrenhaus, Gutskirche, Wirtschafts- und Wohngebäuden sowie einem Landschaftspark lädt zu einer Besichtigung ein. Weiter geht es nach Veltheim, wo ein Abstecher zur Wasserburg mit der Kirche St. Remigius obligatorisch ist. Kurze Zeit später steht der Schlosspark Destedt auf dem Besichtigungsprogramm.
Haben Sie Destedt hinter sich gelassen, taucht am Horizont schon die Bockwindmühle in Abbenrode auf. Von hier aus führt die Strecke über Bornum und Lauingen nach Königslutter am Elm.
Hier beginnt die Besichtigungstour auf dem historischen Marktplatz. Direkt neben dem Rathaus befinden sich die Stadtkirche und das GeoPark-Informationszentrum. Durch die Innenstadt verläuft die Tour dann zum Kaiserdom, dem Museum Mechanischer Musikinstrumente und der über 900-jährigen Kaiser-Lothar-Linde.
In östlicher Richtung geht es weiter über Sunstedt und Lelm nach Räbke, dem historischen Mühlenort mit der Mühle Liesebach, dem Erholungspark Nord-Elm und der Schunterquelle.
Auf dem Rückweg durch den Elm lohnt sich noch ein Abstecher zur Alten Burg Warberg (Stempelstelle 4), bevor kurze Zeit später der östliche Elmrand erreicht ist und die Tour auf dem Burgplatz in Schöningen endet.

Kaiserdom Königslutter am Elm

Alte Burg Warberg

STRECKENINFO

Länge .... 72,1 km
Anstiege .... 750 Hm
Asphalt .... 55 %
Schotter .... 40 %
Pfade .... 5 %

Schwierigkeit .... Schwer
Fahrtechnik .... ●●●○○
Kondition .... ●●●●○

Weddel
Schandelah
Lauingen
Mariental
Barmke
Gardessen
Bornum
Abbenrode
Cremlingen
Königslutter
Süpplingenburg
Destedt
Sunstedt
Hötzum
Helmstedt
Veltheim
Süpplingen
Sickte
Lelm
Lucklum
Erkerode
Frellstedt
Volzum
Evessen
Rabke
Wolsdorf
Harbke
Glizum
Ampleben
Warberg
Ahlum
Dettum
Kneitlingen
Büddenstedt
Eilum
Sambleben
Weferlingen
Bansleben
Eitzum
Reinsdorf
Schöppenstedt
Schöningen
Groß Vahlberg
Offleben
Wobeck
Klein Dahlum
Twieflingen
Hoiersdorf
Hötensleben
E L M
A39
A2
B1
B244
B82
0
2,0
4,0 km
Startpunkt
© OpenStreetMap-Mitwirkende
www.FootMap.de
1 St. Lorenz
2 Kaiserdom
1 Till Eulenspiegel Museum
2 GeoPark-Informationszentrum
3 Museum Mechanischer Musikinstrumente
1 Till Eulenspiegel Denkmal
2 Alte Burg Warberg
1 Schloss Schöningen
2 Rittergut Lucklum
3 Wasserburg Veltheim
4 Schloss Destedt
Schunterquelle
Bockwindmühle Abbenrode
Erlebnissteinbruch Markmorgen
Mühle Liesebach
Goldener Hirsch
Elmsburg

03 GRENZENLOS – RUNDKURS DEUTSCHE EINHEIT

Grenzdenkmal Hötensleben

IM FOKUS DER TOUR STEHEN „GRENZERLEBNISSE" UNTERSCHIEDLICHER ART. DAZU GEHÖREN RUINEN MITTELALTERLICHER VERTEIDIGUNGSANLAGEN, ABER AUCH ZEUGNISSE DER JÜNGSTEN DEUTSCHEN GESCHICHTE.
MIT DER GEDENKSTÄTTE DEUTSCHE TEILUNG MARIENBORN UND DEM GRENZDENKMAL HÖTENSLEBEN LIEGEN SCHAUPLÄTZE DER EHEMALIGEN INNERDEUTSCHEN GRENZE AUF IHRER STRECKE.

TOURBESCHREIBUNG

Der Start- und Endpunkt dieser Tour befindet sich auf dem Burgplatz in Schöningen. Es handelt sich bei dieser Tour um eine Rundroute, sodass die Tour alternativ an jedem anderen Ort der beschriebenen Strecke begonnen und beendet werden kann.

Vom Burgplatz aus durchfährt man das Schloss, um über die Schlosswiese und den Volkspark die Stadt in Richtung Helmstedt zu verlassen. Auf dem straßenbegleitenden Radweg führt die Route über Esbeck durch den Elz, wo die B 244 gequert wird, um dann durch die Feldmark auf dem Elzweg die Stadt Helmstedt zu erreichen. Das Zonengrenz-Museum Helmstedt (Stempelstelle 6) ist die erste Station auf dieser Tour. Die dortige Dauerausstellung informiert umfassend über die ehemalige innerdeutsche Grenze. Nach der Besichtigung wird die „Stadtrundfahrt" fortgesetzt. Vorbei an Alter Post, Türkentor, Taubenturm und Kloster St. Ludgerus geht es zum Schützenplatz, wo Helmstedt in nordöstlicher Richtung verlassen wird.

Auf dem nunmehr durch den Lappwald führenden Streckenabschnitt nach Bad Helmstedt liegen die 1. und 2. Walbecker Warte direkt an der Strecke. Beide sind Wehrtürme der ehemaligen Helmstedter „Landwehr", die bereits im Mittelalter als Grenzsicherung zwischen dem Herzogtum Braunschweig und dem Erzstift Magdeburg gedient hat. Weiter geht es nun über die Landesgrenze nach Sachsen-Anhalt. Jetzt führt die Strecke ca. 1,5 km lang auf dem ehemaligen Kolonnenweg der DDR-Grenztruppen nach Bad Helmstedt. Hier muss aufgepasst werden, denn es ist nicht ganz leicht, die Spur auf dem Plattenweg zu halten. Vorsichtige Radler steigen ab und genießen die Natur.

Das Brunnental wird anschließend in östlicher Richtung verlassen und weiter geht es durch den Lappwald über

Zonengrenz-Museum Helmstedt

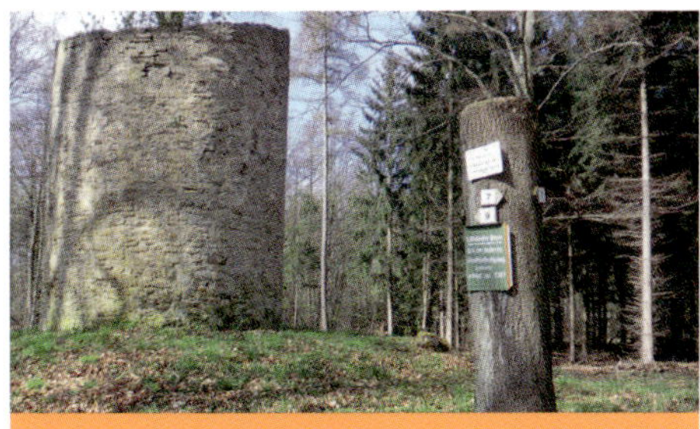

1. Walbecker Warte

die Mesekenheide zur Gedenkstätte Deutsche Teilung Marienborn (Stempelstelle 5). Von der Autobahnbrücke aus hat man schon einen Eindruck von der Größe der ehemaligen Genzabfertigungsanlage. In der jetzigen Gedenkstätte sind große Teile der Kontrollanlagen erhalten und verschiedene Ausstellungen informieren über die Geschichte der Deutschen Teilung.

Nach der Besichtigung verläuft die Tour über Marienborn nach Sommerschenburg. Auf dem weiteren Weg in Richtung Sommersdorf liegt das Gneisenau-Denkmal direkt an der Strecke. Über Hohnsleben, Reinsdorf und Offleben erreicht man Hötensleben, wo ausreichend Zeit zur Besichtigung des Grenzdenkmals eingeplant werden sollte. Die jüngste deutsche Geschichte wird hier beim Anblick der Sperranlagen wieder lebendig.

Nachdem anschließend die Aue überquert ist, führt der straßenbegleitende Radweg zum Tagebauinformationspunkt und dem in direkter Nachbarschaft liegenden Forschungsmuseum Schöningen (paläon). Hier kann man sich jetzt ausreichend Zeit für eine Besichtigung nehmen, denn zurück zum Ausgangspunkt auf dem Burgplatz in Schöningen sind es nur noch ca. 2 km.

Im Brunnental

Gedenkstätte Deutsche Teilung Marienborn

STRECKENINFO

Länge	50,5 km
Anstiege	500 Hm
Asphalt	60 %
Schotter	30 %
Pfade	10 %

Schwierigkeit	Mittel
Fahrtechnik	●●○○○
Kondition	●●●●○

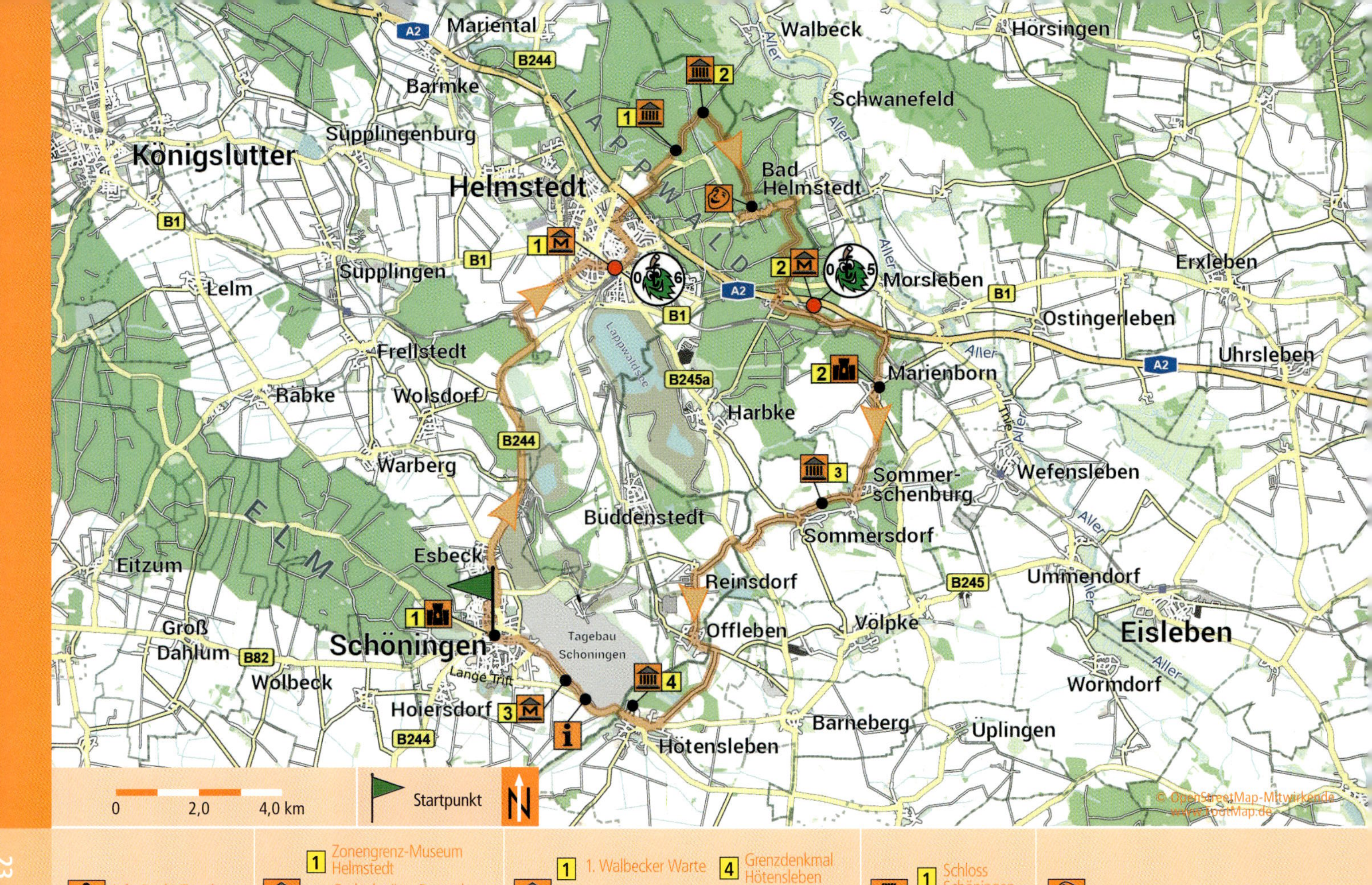

Info-Punkt Tagebau Schöningen

1 Zonengrenz-Museum Helmstedt
2 Gedenkstätte Deutsche Teilung Marienborn
3 Forschungsmuseum paläon

1 1. Walbecker Warte
2 2. Walbecker Warte
3 Gneisenau Denkmal
4 Grenzdenkmal Hötensleben

1 Schloss Schöningen
2 Schloss Marienborn

Brunnentheater

04 NATOUR-ROUTE

NATOUR Helmstedt

Am Schafteich im Lappwald

IM NATURPARK ELM-LAPPWALD GIBT ES EINE FÜLLE AN KULTURELLEN SEHENSWÜRDIGKEITEN UND NATURSCHÄTZEN. UNTERSCHIEDLICHE NATURRÄUME SIND ERLEBBAR UND ERMÖGLICHEN EINEN SPANNENDEN EINBLICK IN DIE KULTURLANDSCHAFTSENTWICKLUNG.
INFORMATIONSTAFELN, DIE ÜBER DEN GESAMTEN TOURVERLAUF VERTEILT SIND, VERMITTELN WISSENSWERTES ÜBER DIE EINZELNEN SEHENSWÜRDIGKEITEN UND DIE ENTWICKLUNG DER NATUR.

TOURBESCHREIBUNG

Der Start- und Endpunkt dieser Tour befindet sich am Brunnentheater in Bad Helmstedt. Es handelt sich bei dieser Tour um eine Rundroute, sodass die Tour alternativ an jedem anderen Ort der beschriebenen Strecke begonnen und beendet werden kann.

Der Titel der Route deutet es bereits an: Es ist die Natur, die hier im Mittelpunkt steht. Beim Umfahren des Helmstedter Stadtgebietes kann die Natur auf vielfältige Weise erlebt werden. Zunächst wird der ehemalige Kolonnenweg erkundet, der auf den ersten 1000 m eine kleine Herausforderung darstellt. Genießer schieben hier das Rad. Danach geht es auf befestigten Wegen durch den schönen Lappwald an den beiden Walbecker Warten vorbei zum Schafteich (Infotafel 1).

Durch den Stüh führt die Route nach Barmke zum Bio-Hof Mollenhauer mit seinem Laden »Wilde Möhre« (Infotafel 2).

Der dritte Infopunkt, die Grube Emma (Stempelstelle 8) (Infotafel 3), folgt kurz hinter Barmke und in Emmerstedt wartet der Museumshof auf einen Besuch.

Südlich von Emmerstedt werden die Lübbensteine erreicht, von hier hat man bei schönem Wetter einen herrlichen Blick auf den Elm und den Kaiserdom in Königslutter.

Anschließend geht es durch die Feldmark in Richtung Elz. Nach einem kurzen Stück auf dem Radweg entlang der Bundesstraße 244 wird nach links in den renaturierten Tagebau Treue abgebogen (Infotafel 4).

Ein Abstecher führt zu den ca. 600 Meter entfernten Karpfenteichen. Hier lässt sich bei einer Rast und der Beobachtung von Vögeln und Fröschen der Alltag schnell vergessen.

Danach geht es weiter zum Lappwaldsee (Infotafel 5), dem ehemaligen Tagebau Helmstedt, der zu einem

Grube Emma (Infotafel 3)

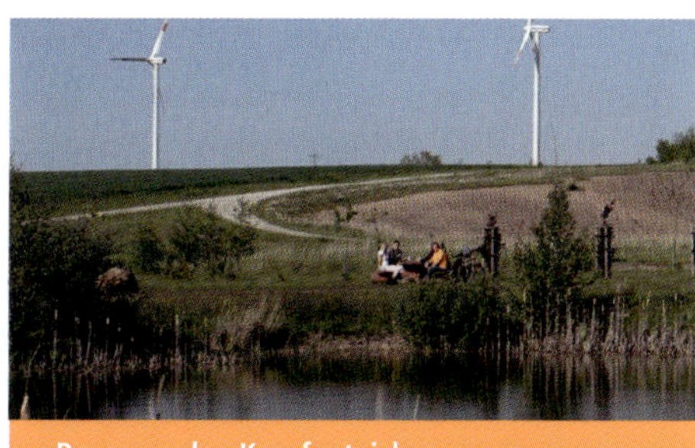

Pause an den Karpfenteichen

Freizeitsee entwickelt wird. Vorbei an der Magdeburger Warte wird wieder der Lappwald erreicht und kurze Zeit später lädt der Naturerlebnispunkt Mesekenheide (Stempelstelle 7) (Infotafel 6) zu einer kurzen Pause ein. Von hier aus führt ein Höhenweg zur Brücke über den Mühlenbach (Infotafel 7), die sich an der ehemaligen innerdeutschen Grenze befindet.

Bis zum Ausgangspunkt Ihrer Tour am Brunnentheater sind es jetzt nur noch etwa zwei Kilometer.

Naturerlebnispunkt Mesekenheide

Blick auf den Lappwaldsee

STRECKENINFO

Länge	45 km
Anstiege	370 Hm
Asphalt	30 %
Schotter	60 %
Pfade	10 %

Schwierigkeit	Mittel
Fahrtechnik	●●●○○
Kondition	●●●○○

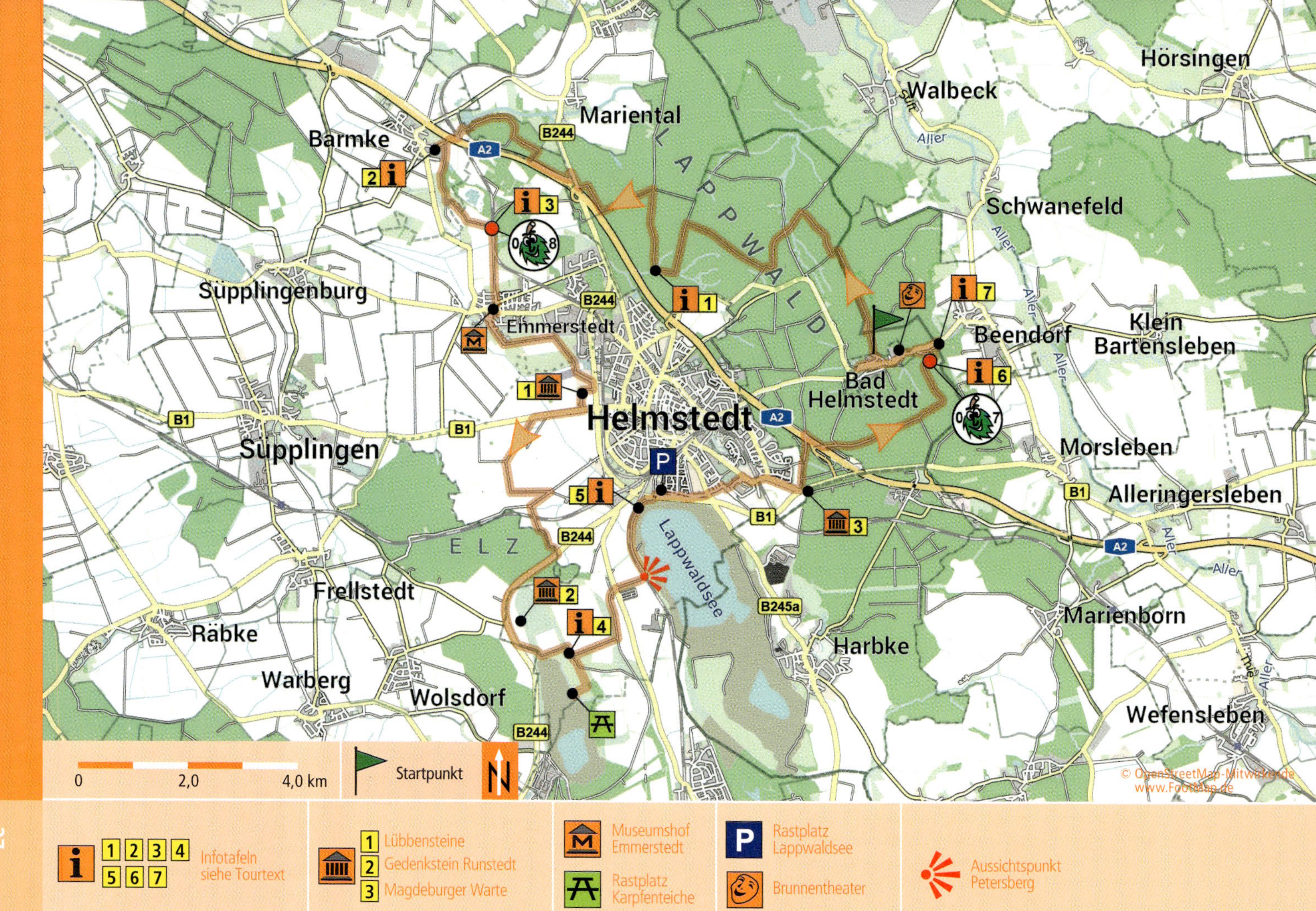
Hörsingen
Walbeck
Mariental
Barmke
LAPPWALD
Schwanefeld
Süpplingenburg
Emmerstedt
Beendorf
Klein Bartensleben
Bad Helmstedt
Helmstedt
Süpplingen
Morsleben
Alleringersleben
ELZ
Lappwaldsee
Frellstedt
Räbke
Warberg
Wolsdorf
Harbke
Marienborn
Wefensleben
Aller
A2
B1
B244
B245a
0
2,0
4,0 km
Startpunkt
© OpenStreetMap-Mitwirkende
www.FootMap.de
Infotafeln siehe Tourtext
1 Lübbensteine
2 Gedenkstein Runstedt
3 Magdeburger Warte
Museumshof Emmerstedt
Rastplatz Karpfenteiche
Rastplatz Lappwaldsee
Brunnentheater
Aussichtspunkt Petersberg

05

ROMANIK-ROUTE

Kloster St. Marienberg in Helmstedt

DIESE RADTOUR FÜHRT ZU BEDEUTENDEN ROMANISCHEN BAUWERKEN DER REGION. SIE GEHÖREN ZU DEN ATTRAKTIONEN DER NIEDERSÄCHSISCHEN STRASSENROUTE „WEGE IN DIE ROMANIK". DIESER VORSCHLAG BESCHREIBT DIE TOUR VON KÖNIGSLUTTER NACH HELMSTEDT, VON WO AUS MAN MIT DER BAHN ZUM AUSGANGSPUNKT ZURÜCKKEHREN KANN.

TOURBESCHREIBUNG

Der Startpunkt dieser Tour befindet sich am Bahnhof in Königslutter am Elm. Zunächst führt die Strecke über den Marktplatz in Königslutter am Elm zur Kirche St. Sebastian/St. Fabian. Die heutige Stadtkirche entstand im 12. Jahrhundert als Gotteshaus für das damals bereits existierende Dorf Lutter.

Aus jener Zeit stammt auch der Turm mit seinen kleinen romanischen Rundbogenfenstern. Danach folgt schon einer der Höhepunkte der Tour, der Kaiserdom. Er ist einer der wichtigsten Kulturdenkmäler der Romanik. Er ist eingebettet in eine beeindruckende Klosteranlage, die noch heute für medizinische Zwecke genutzt wird. Der Ausschilderung der Romanik-Route in Richtung Osten folgend kommt man nach Rottorf. Die Rottorfer Kirche ist in ihrem Kern vermutlich mittelalterlich. Erstmals urkundlich erwähnt wurde sie aber erst im 16. Jahrhundert.

Durch die Feldmark geht es nun weiter nach Groß Steinum, wo sich das Großsteingrab an der Bockshornklippe als Sehenswürdigkeit anbietet.

Auf der Fahrt nach Süpplingenburg ist es die wunderbare Fernsicht auf Dorm und Elm, die die Tour so besonders macht.

Mit der Ankunft in Süpplingenburg erreichen Sie den Stammsitz von Kaiser Lothar III. Er hat den Kaiserdom in Königslutter erbauen lassen. Die Kirche St. Johannis (Stempelstelle 9) befindet sich heute an jenem Platz, an dem einst seine ursprünglich gegen Ende des 10. Jahrhunderts errichtete Wasserburg stand. Die Tour führt anschließend nach Barmke, dessen erste urkundliche Erwähnung auf das Jahr 1150 datiert ist. Durch ein kleines Waldstück sowie auf einem parallel zur B 244 verlaufenden Radweg wird das nächste Ziel, das Zisterzienserkloster (Stempelstelle 10) in Mariental, erreicht.

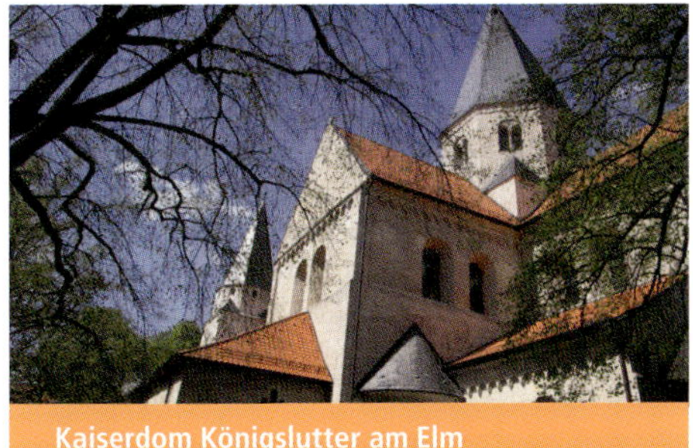

Kaiserdom Königslutter am Elm

St. Johannis Süpplingenburg

05 ROMANIK-ROUTE

Das Kloster Mariental wurde als „Monasterium vallis sancte Marie" vom Pfalzgrafen Friedrich II. von Sommerschenburg im Jahr 1138 als Hauskloster für seine Familie gestiftet und dem seinerzeit noch jungen Reformorden der Zisterzienser zugeeignet. Auf befestigten Forstwegen führt die Strecke jetzt durch den Lappwald. Nach dem Passieren der 1. Walbecker Warte, einem alten Landwehrturm, wird Helmstedt erreicht. In Helmstedt sind aus romanischer Sicht die beiden Klosteranlagen St. Ludgerus und St. Marienberg hervorzuheben. Das ehemalige Benediktinerkloster St. Ludgerus ist eines der ältesten Klöster in Niederdeutschland. Es wurde im frühen 9. Jahrhundert als Doppelkloster mit Werden an der Ruhr gegründet (der Abt von St. Ludgerus war zugleich auch Abt von Werden).

Die Verbindung beider Klöster hatte bis zur Säkularisation im Jahre 1803 Bestand. Sehenswert sind im Kloster St. Ludgerus vor allem die Doppelkapelle, das Taubenhaus und das Türkentor. Anschließend ist ein Abstecher zum Kloster St. Marienberg lohnenswert. Es beherbergt u. a. die berühmte Paramentenwerkstatt, in der nicht nur liturgische Gewänder, sondern auch moderne Stick- und Webarbeiten gefertigt werden.

Die Romanik-Route endet am Bahnhof Helmstedt.

Zisterzienserkloster Mariental

Benediktinerkloster St. Ludgerus Helmstedt

STRECKENINFO

Länge .... 34,9 km
Anstiege .... 330 Hm
Asphalt .... 60 %
Schotter .... 40 %
Pfade .... 0 %

Schwierigkeit .... Mittel
Fahrtechnik .... ●●○○○
Kondition .... ●●●○○

Ahmstorf
Ochsendorf
Schunter
Wolfsburger Str.
Rennau
Rottorf
Grasleben
Rieseberg
Uhry
Beienrode
B244
Mariental-
Horst
A2
DORM
LAPPWALD
Mariental
Walbeck
Barmke
Groß
Steinum
Aller
Lauingen
Rottorf
Süpplingenburg
Königslutter
Emmerstedt
B244
A2
Bad
Helmstedt
B1
ELM
Helmstedt
Süpplingen
B1
Lelm
ELZ
B1
Lappwaldsee
Frellstedt
B244
Räbke
0
1,0
2,0
3,0 km
Startpunkt
© OpenStreetMap-Mitwirkende
www.FootMap.de
Infotafel Schafteich
1 Kaiserdom
2 St. Sebastian/ St. Fabian
3 Rottdorfer Kirche
4 St. Johannis
5 Zisterzienserkloster
6 Benediktinerkloster St. Ludgerus
7 Kloster St. Marienberg
1 Großsteingrab Bockshornklippe
2 1. Walbecker Warte
Bahnhof

06 LAPPWALDSEE-ROUTE

Pause am Lappwaldsee

EINZIGARTIG IN DEUTSCHLAND UND DESHALB EINE BESONDERHEIT IST DIE GESCHICHTE DER BRAUNKOHLETAGEBAUE DER EHEMALIGEN BRAUNSCHWEIGISCHEN KOHLEN-BERGWERKE. SEIT DER AUSKOHLUNG DES REVIERS ENTWICKELT SICH DIE REGION UM DIE TAGEBAUE TOURISTISCH. IN NAHER ZUKUNFT WIRD HIER – ÜBER DIE GRENZE NIEDERSACHSENS HINAUS – EINE AUSSERGEWÖHNLICHE BADE- UND FREIZEITGEWÄSSERLANDSCHAFT ENTSTEHEN, DIE ES ZU ENTDECKEN LOHNT.

TOURBESCHREIBUNG

Der Start- und Endpunkt dieser Tour befindet sich auf dem Parkplatz Lappwaldsee in Helmstedt. Es handelt sich bei dieser Tour um eine Rundroute, sodass die Tour alternativ an jedem anderen Ort der beschriebenen Strecke begonnen und beendet werden kann.
Vom Startpunkt aus führt die Tour zunächst auf der ehemaligen Werksstraße in Richtung ehemaliger Tagebau zur Infotafel Lappwaldsee (Stempelstelle 11).
Kurz darauf ist schon der Rastplatz am Petersberg erreicht. Hier kann man nicht nur die beeindruckende Kulisse des Lappwaldsees genießen, sondern bekommt auch umfassende Informationen zur Bergbaugeschichte im ehemaligen Helmstedter Revier.
Am Ufer des Lappwaldsees verläuft die Route nach Büddenstedt, an dessen Ortsrand eine Allee zum renaturierten Tagebau Wulfersdorf, der sogenannten Wulfersdorfer Schweiz, führt. Die Einfahrt in den ehemaligen Tagebau über eine schmale Brücke ist herausfordernd. Der weitere Weg führt jedoch in entspannter Weise durch eine rekultivierte nunmehr naturbelassene, malerische Landschaft.
Im weiteren Tourverlauf werden Hohnsleben und Sommersdorf durchfahren und Harbke erreicht. Hier bietet sich ein Zwischenstopp im Schlosspark an.

Anmerkung: Im Schlosspark darf das Fahrrad nur geschoben werden.

Schon am Eingang wartet eine besondere Sehenswürdigkeit, die 1572 erbaute evangelische Kirche St. Levin (Stempelstelle 12) mit der wertvollen Fritzsche-Treutmann-Orgel.
Vorbei am ältesten Ginkgo-Baum Deutschlands und der Schlossruine gelangen Sie zur 1830/31 im neugotischen

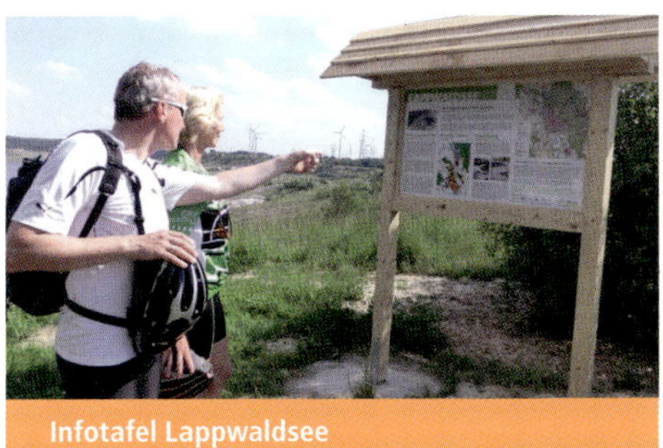
Infotafel Lappwaldsee

Am Petersberg

Stil errichteten Orangerie, die heute auch ein Café beherbergt, von wo aus man in aller Ruhe die „Chinesische Mauer" mit der Skulptur der Pomona, der römischen Göttin der Baumfrüchte, betrachten kann.

Im Anschluss wird die Tour in Richtung Helmstedt fortgesetzt. Am ehemaligen Grenzverlauf empfiehlt es sich, noch einmal kurz anzuhalten, um auch von der anderen Seite einen Blick auf den Lappwaldsee zu werfen.

Der Ausgangspunkt der Tour ist jetzt bereits zum Greifen nah. Es muss nur noch ein kurzes Stück Radweg gemeistert und hinter dem Kreisel nach links abgebogen werden, um entlang der Streuobstwiese abseits des Autoverkehrs wieder den Parkplatz Lappwaldsee zu erreichen.

St. Levin

Schlossruine Harbke

STRECKENINFO

Länge	19,3 km
Anstiege	180 Hm
Asphalt	70 %
Schotter	30 %
Pfade	0 %

Schwierigkeit	Mittel
Fahrtechnik	●●○○○
Kondition	●●○○○

Infotafel Lappwaldsee

1 Aussichtspunkt Petersberg
2 Aussichtspunkt Lappwaldsee

1 Rastplatz Petersberg
2 Rastplatz Wulfersdorfer Schweiz

St. Levin

Schlosspark Harbke mit ältestem Ginkgo Deutschlands, Orangerie, Chinesische Mauer mit Pomona

Parkplatz Lappwaldsee

07 EITZSEE-ROUTE

Pause an den Karpfenteichen

DIE FAHRT DURCH DIE RENATURIERTEN TAGEBAUE TREUE (MIT EITZSEE UND KARPFENTEICHEN) UND HELMSTEDT (MIT DEM LAPPWALDSEE) ZEIGT AUF BEEINDRUCKENDE WEISE, WIE SICH DIESE DURCH DEN KOHLEABBAU EINST GEPRÄGTE LANDSCHAFT ENTWICKELT HAT. EINE REGION IM WANDEL, OFFEN FÜR TOURISMUS.

TOURBESCHREIBUNG

Der Start- und Endpunkt dieser Tour befindet sich auf dem Holzberg in Helmstedt. Es handelt sich bei dieser Tour um eine Rundroute, sodass die Tour alternativ an jedem anderen Ort der beschriebenen Strecke begonnen und beendet werden kann.

Von der Infotafel am Rathaus aus wird der Holzberg überquert und über Lindenplatz und Südertor kommt man zur ersten Station der Eitzsee-Route, dem Zonengrenz-Museum.

Es zeigt Ihnen in fünf Abteilungen die Geschichte der ehemaligen innerdeutschen Grenze am Beispiel des Landkreises Helmstedt. Wechselnde Sonderausstellungen runden das Informationsangebot für die Besucher ab.

Nach dem Museumsbesuch wird Helmstedt über den Elzweg in Richtung Elz verlassen. Die Eisenbahnstrecke wird überquert und auf dem straßenbegleitenden Radweg an der B 244 wird der Elz durchfahren.

Links am Tagebaurand befindet sich der Gedenkstein Runstedt. Der Ort gleichen Namens musste einst dem Tagebau weichen. Die Einwohner wurden in den Jahren zwischen 1950 und 1960 nach Helmstedt umgesiedelt.

Auf dem Radweg geht es anschließend weiter zum ehemaligen Braunkohlekraftwerk Buschhaus. Nach dem Linksabbiegen auf die ehemalige Werkstraße haben Sie vom Rand des Tagebaus einen beeindruckenden Blick auf das gesamte Areal und den entstehenden Eitzsee.

Beim Durchqueren des ehemaligen jetzt renaturierten Tagebaugeländes führt die Route zu den sogenannten Karpfenteichen (Stempelstelle 13). Der dort befindliche Rastplatz ist so idyllisch, dass es sich lohnt, hier etwas länger zu verweilen und den Proviant auszupacken.

Frisch gestärkt werden anschließend die zwei kurzen Anstiege auf dem Weg zum Lappwaldsee bewältigt,

Zonengrenz-Museum Helmstedt

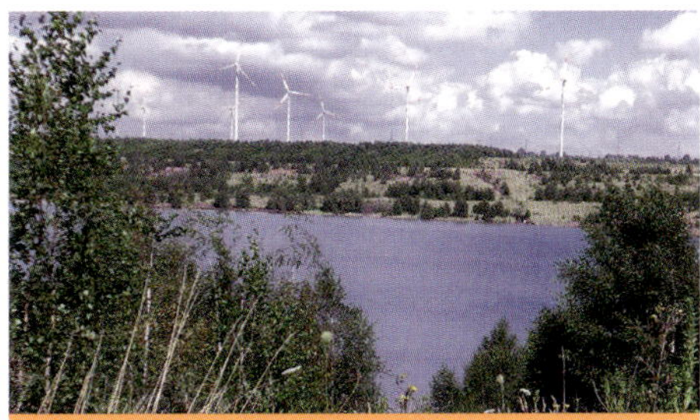
Blick auf den Eitzsee

um am Petersberg die fantastische Aussicht auf den sich langsam füllenden Lappwaldsee zu genießen. Informationstafeln geben detailliert Auskunft über die Entstehungsgeschichte des Sees und den ehemaligen Tagebau Helmstedt.

Der Rückweg ist jetzt nur noch ein Katzensprung. Er führt über die Galgenbreite zur Beendorfer Straße mit einem kurzen Abstecher zum Kloster St. Ludgerus (Stempelstelle 14).

Über die Poststraße, das Südertor und den Lindenplatz verläuft die Route wieder zurück zum Ausgangspunkt.

Kloster St. Ludgerus

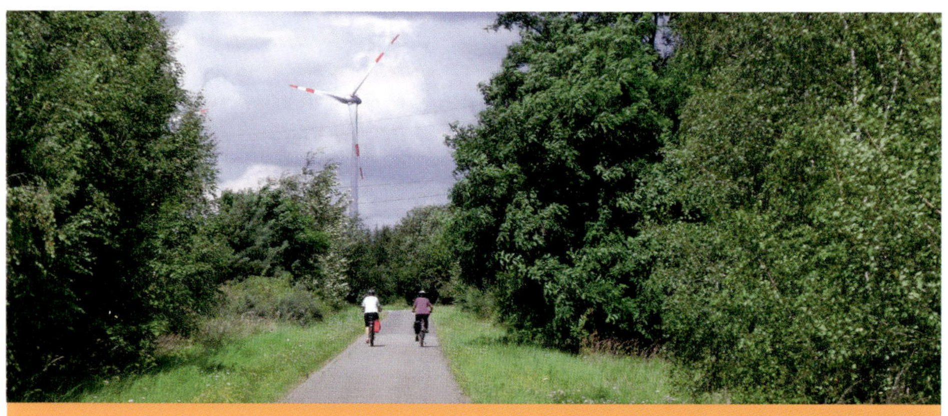

Im renaturierten Tagebau

STRECKENINFO

Länge	22,6 km
Anstiege	200 Hm
Asphalt	60 %
Schotter	40 %
Pfade	0 %

Schwierigkeit	Mittel
Fahrtechnik	●●○○○
Kondition	●●○○○

Helmstedt
Bad Helmstedt
Brunnenweg
LAPPWALD
Süpplingen
Frellstedt
Wolsdorf
Warberg
Harbke
Sommersdorf
Buddenstedt
Lappwaldsee
Eitzsee
A2
B1
B244
B245a
0
1,0
2,0 km
Startpunkt
© OpenStreetMap-Mitwirkende
www.FootMap.de
1 Infotafel Renaturierter Tagebau
2 Infotafel Lappwaldsee
1 Aussichtspunkt Eitzsee
2 Aussichtspunkt Petersberg
Parkplatz Lappwaldsee
Kloster St. Ludgerus
Zonengrenz-Museum
Gedenkstein Runstedt
Rastplatz Karpfenteiche

08 PALÄON-ROUTE

Forschungsmuseum Schöningen (paläon)

EINE FASZINIERENDE REISE VOM URMENSCH HOMO HEIDELBERGENSIS IM FORSCHUNGSMUSEUM SCHÖNINGEN (PALÄON) BIS IN DIE JÜNGERE GESCHICHTE DER REGION WARTET AUF SIE.
DIE PALÄON-ROUTE IST DIE SÜDLICHSTE VON DREI RADROUTEN RUND UM DIE RENATURIERTEN TAGEBAUE IM HELMSTEDTER REVIER. SIE FÜHRT DURCH DIE STADT SCHÖNINGEN MIT IHREN VIELEN SEHENSWÜRDIGKEITEN, DIE WULFERSDORFER SCHWEIZ UND AN DIE EHEMALIGE INNERDEUTSCHE GRENZE.

TOURBESCHREIBUNG

Der Start- und Endpunkt dieser Tour befindet sich am Forschungsmuseum Schöningen (paläon). Es handelt sich bei dieser Tour um eine Rundroute, sodass die Tour alternativ an jedem anderen Ort der beschriebenen Strecke begonnen und beendet werden kann.
Vom Forschungsmuseum Schöningen (paläon) (Stempelstelle 15) aus führt die Route direkt in die Schöninger Innenstadt mit seinen vielen Sehenswürdigkeiten. (In der Fußgängerzone bitte das Fahrrad schieben). Eine davon ist das Heimatmuseum. Es wurde bereits 1927 gegründet und befindet sich seit 1957 im Patrizierhaus direkt am Marktplatz. Dieser ist zugleich Standort vom Geschichtsbrunnen, Altem Rathaus und Wassermaid, dem Wahrzeichen Schöningens. Die Skulptur erinnert an jene Zeit, in der in Schöningen das härteste Wasser Deutschlands floss.
Auf dem Burgplatz befinden sich das Schloss Schöningen (Stempelstelle 16) und die ehemaligen Torhäuser des Schlosses mit der Touristinformation und wechselnden Ausstellungen.
Weiter verläuft die Strecke über den Schlosshof zur Schlosswiese und durch den Volkspark. Ist kurze Zeit später der Stadtrand erreicht, führt ein straßenbegleitender Radweg nach Büddenstedt. Der Kirchturm von Büddenstedt ist schon aus der Ferne zu erkennen und ist der Ort durchfahren, gelangt man über eine Allee zum renaturierten Tagebau Wulfersdorf. Die Einfahrt in den ehemaligen Tagebau über eine schmale Brücke ist herausfordernd. Der weitere Weg führt jedoch in entspannter Weise durch eine renaturierte und naturbelassene, malerische Landschaft, die sogenannte Wulfersdorfer Schweiz.
Über Hohnsleben und Reinsdorf führt die Route nach Offleben, wo sich direkt an der ehemaligen innerdeut-

Wassermaid in Schöningen

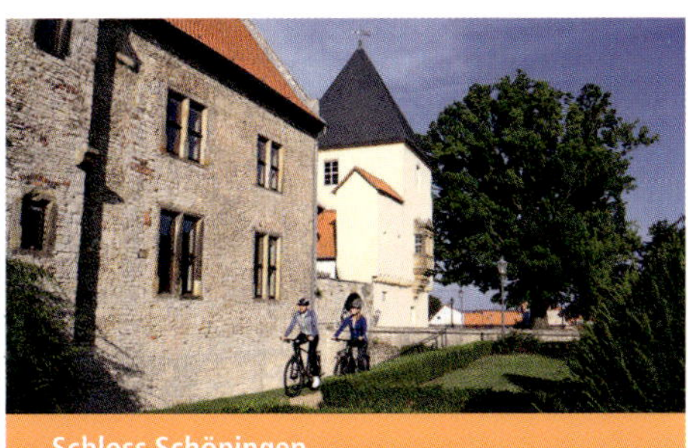

Schloss Schöningen

schen Grenze der Grenzwanderweg befindet.
Nach dem Überqueren des ehemaligen Grenzstreifens geht es vorbei am Viktoriasee nach Hötensleben mit dem Grenzdenkmal Hötensleben.
Die jahrzehntelange Teilung Deutschlands kann hier noch einmal auf bedrückende Weise nachempfunden werden. Letztes Ziel der Tour ist der Tagebauinformationspunkt Schöningen, wo Lokomotiven, Kohlewagen und ein Schaufelradbagger die Technik des Kohleabbaus näherbringen.
Der Ausgangspunkt der Tour am Forschungsmuseum Schöningen (paläon) ist von hier aus schon in Sichtweite.

Grenzwanderweg in Offleben

Grenzdenkmal Hötensleben

STRECKENINFO

Länge	22,6 km
Anstiege	180 Hm
Asphalt	80 %
Schotter	20 %
Pfade	0 %

Schwierigkeit	Mittel
Fahrtechnik	●●○○○
Kondition	●●○○○

Büddenstedt
Sommersdorf
Hohnsleben
Reinsdorf
Esbeck
ELM
Elmautostraße
Schöningen
Tagebau
Schöningen
Offleben
Hoiersdorf
Lange Trift
Hötensleben
Barneberg
Viktoria See
B244
B245a
B82
B245
0
1,0
2,0 km
Startpunkt
N
© OpenStreetMap-Mitwirkende
www.FootMap.de
1 Infopunkt Grenzwanderweg
2 Infopunkt Tagebau
1 Heimatmuseum Schöningen
2 Forschungsmuseum Schöningen paläon
1 Grenzdenkmal Hötensleben
2 Wachturm
Rastplatz Wulfersdorfer Schweiz
Geschichtsbrunnen/ Wassermaid
Schloss Schöningen
Aussichtspunkt Viktoriasee

09 MITTELALTER-RUNDWEG

Magdeburger Warte

DER LAPPWALD WAR IM MITTELALTER DAS GRENZGEBIET ZWISCHEN DEM HERZOGTUM BRAUNSCHWEIG UND DEM ERZSTIFT MAGDEBURG. DIE ALTE GRENZSCHUTZANLAGE „LANDWEHR" MIT DREI WARTTÜRMEN IST IN GROSSEN TEILEN NOCH ERHALTEN. SIE ZEUGT VON UNRUHIGEN ZEITEN, IN DENEN MAN SICH VOR FREMDEN HEEREN, RAUBRITTERN UND ALLERLEI GESINDEL ZU SCHÜTZEN VERSUCHTE. DER MITTELALTER-RUNDWEG FÜHRT DURCH DEN LAPPWALD VORBEI AN MEHREREN MITTELALTERLICHEN SEHENSWÜRDIGKEITEN. INFORMATIONSTAFELN ERLÄUTERN DIE GESCHICHTE.

TOURBESCHREIBUNG

Der Start- und Endpunkt dieser Tour befindet sich an der Magdeburger Warte unmittelbar an der B1 östlich von Helmstedt. Es handelt sich bei dieser Tour um eine Rundroute, sodass die Tour alternativ an jedem anderen Ort der beschriebenen Strecke begonnen und beendet werden kann.

Die Magdeburger Warte befindet sich am Rande des Lappwalds, direkt an der B 1 zwischen Helmstedt und Morsleben. Noch vor der Radtour sollte der alte Wachturm erklommen werden. Der Aufstieg wird belohnt mit einem herrlichen Ausblick über Helmstedt hinweg bis zum Elm. Bei klarem Wetter reicht die Sichtweite im Südosten sogar bis zum Harz mit seiner höchsten Erhebung, dem 1.141 Meter hohen Brocken.

Die hier befindliche Informationstafel gibt Auskunft über die bereits im Mittelalter angelegte Grenzbefestigung, die Helmstedter Landwehr. Neben der Magdeburger Warte sind auch die 1. Walbecker Warte und die 2. Walbecker Warte Relikte dieser ehemaligen Grenzbefestigung.

Jetzt startet die eigentliche Tour in nördliche Richtung zur nächsten Infotafel an der 1. Walbecker Warte (Stempelstelle 17). Nach einem kurzen Stopp am ehemaligen Wachturm geht es in zügiger Fahrt zur 2. Walbecker Warte. Weiter geht es nun über die Landesgrenze nach Sachsen-Anhalt. Jetzt führt die Strecke ca. 1,5 km lang auf dem ehemaligen Kolonnenweg der DDR-Grenztruppen nach Bad Helmstedt. Hier muss aufgepasst werden, denn es ist nicht ganz leicht, die Spur auf dem Plattenweg zu halten. Vorsichtige Radler steigen ab und genießen die Natur.

Im Brunnental angekommen fährt man vorbei am Brunnentheater, um am Berliner Bären eine kurze Pause einzulegen und die Aussicht auf die Teiche zu genießen.

1. Walbecker Warte

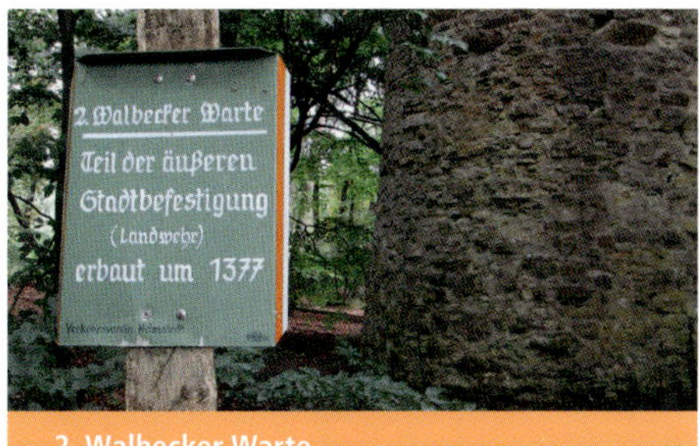

2. Walbecker Warte

09 MITTELALTER-RUNDWEG

Nach einem Abstecher zur Ruine Burgberg (Stempelstelle 18) geht es nun auf den Rückweg. Vorbei an den gut erhaltenen Wölbäckern, die unweit der Route liegen, folgt die letzte Station der Tour, der alte Duellplatz der Helmstedter Studenten. Der Name des Ortes, »Adam und Eva«, bezieht sich auf zwei Hainbuchen, die hier um das Jahr 1500 gepflanzt worden sind.
Zurück zum Ausgangspunkt der Tour ist es jetzt nur noch ein „Katzensprung".

Ruine Burgberg

Clarabadteich im Brunnental

STRECKENINFO

Länge	13 km
Anstiege	160 Hm
Asphalt	20 %
Schotter	70 %
Pfade	10 %

Schwierigkeit	Leicht
Fahrtechnik	●●○○○
Kondition	●○○○○

Schwanefeld
Beendorf
Groß Bartensleben
Bad Helmstedt
Morsleben
Helmstedt
LAPPWALD
Brunnenweg
Leipziger Str.
Kantstraße
Beendorfer Str.
Aller
A2
B1
Startpunkt
0 0,5 1,0 1,5 km
1 Magdeburger Warte
2 1. Walbecker Warte
3 2. Walbecker Warte
Brunnentheater
Ruine Burgberg
Wölbäcker
Brunnental
Aussichtspunkt Clarateich
© OpenStreetMap-Mitwirkende
www.FootMap.de

10 EULENSPIEGEL-RADWEG

Eulenspiegel auf dem „Pferdemarkt"

MIT DEM FAHRRAD DIE REGION VON TILL EULENSPIEGEL ERKUNDEN. AUF DIESER RUNDROUTE ZWISCHEN WOLFENBÜTTEL UND SCHÖPPENSTEDT WEISEN GRÜNE INFORMATIONSTAFELN, DIE OFT AN DEN ORIGINALSCHAUPLÄTZEN STEHEN, AUF DIE GESCHICHTEN VON TILL EULENSPIEGEL HIN. WELCHE TAFEL SIE AN DEN ENTSPRECHENDEN ORTEN FINDEN, KÖNNEN SIE DER NACHFOLGENDEN TOURBESCHREIBUNG ENTNEHMEN. IN SCHÖPPENSTEDT ANGEKOMMEN KÖNNEN SIE SICH IM TILL EULENSPIEGEL-MUSEUM UMFASSEND ÜBER DAS LEBEN UND DIE STREICHE DES SCHALKS INFORMIEREN.

TOURBESCHREIBUNG

Der Start- und Endpunkt dieser Tour befindet sich am Bahnhof Wolfenbüttel. Es handelt sich bei dieser Tour um eine Rundroute, sodass Sie die Tour alternativ an jedem anderen Ort der beschriebenen Strecke beginnen und beenden können.

Die Brillenform der Route weist hierbei nicht nur auf das Lesen der zahlreichen Informationstafeln hin, sie hat auch den Vorteil, dass man die Tour in zwei Etappen aufteilen kann, denn mit der Bahn ist Schöppenstedt als zweiter Startpunkt ideal zu erreichen. Alternativ können Sie diese Tour auch als Zweitagestour mit einer Übernachtung in Schöppenstedt fahren.

Vom Bahnhof in Wolfenbüttel fahren Sie an der Oker entlang in den Stadtteil Linden und verlassen Wolfenbüttel über die Okertalsiedlung. Vorbei am Segelflugplatz kommen Sie nach Klein Denkte mit der ersten Informationstafel „Die Kirche und die Brücke".

Groß Denkte wird kurz darauf durchfahren und es folgt eine lange Auffahrt in die Asse. An der nächsten Tafel „Die Rolle der Asseburg" angekommen, lohnt sich ein kurzer Abstecher zum Bismarckturm mit der herrlichen Aussicht zur Asseburg und bei klarem Wetter bis in den Harz.

Die eigentliche Route führt weiter bergauf entlang des Erlebnispfades Asse bis zum Philosophenweg. Von hier aus fahren Sie dann in zügiger Fahrt hinunter nach Groß Vahlberg zu den „Zwölf Gulden für zwölf Blinde" (Stempelstelle 20) und zur Tafel „Eulenspiegel als Schmied". Auf teilweise naturnahen Wegen geht es anschließend weiter nach Eilum zu den Tafeln „Der bittere Apfel" und „Auf dem Pferdemarkt". In Kneitlingen angekommen wird Ihnen sicherlich Tills Taufbecken ins Auge fallen. Hier bekam er seine erste Taufe. Sein Taufweg mit der zweiten und dritten Taufe ist Wegbegleiter bis nach

Eulenspiegel „Zwölf Gulden für zwölf Blinde"

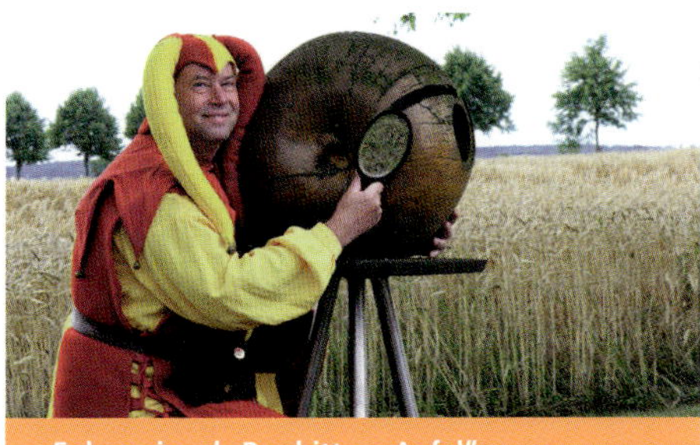

Eulenspiegel „Der bittere Apfel"

10 EULENSPIEGEL-RADWEG

Kneitlingen, seinem Geburtsort. An der St. Nicolai Kirche stehen nicht nur das Till Eulenspiegel-Denkmal, sondern auch weitere Informationstafeln mit seinen Geschichten. Über Sambleben vorbei an „Wasser in Wein verwandeln" und die Küblinger Trift mit „Am Pranger" kommen Sie nach Eitzum „Vor verschlossenen Türen". Hier ist quasi der Umkehrpunkt der Tour. Nun geht es auf der alten Bahntrasse nach Schöppenstedt. Die Besichtigung des Till Eulenspiegel-Museums (Stempelstelle 19) informiert Sie umfassend über das Leben des Narren. Bei Ihrer Rundfahrt durch die Stadt sehen Sie viele weitere Tafeln mit den Geschichten aus dem Leben Till Eulenspiegels. Da es noch knapp 30 Kilometer zurück nach Wolfenbüttel sind, heißt es jetzt in die Pedale treten. Es geht hinauf nach Berklingen zu den Tafeln „Wer hat Angst vorm Wolf" und „Schälke säen" und weiter nach Klein Vahlberg mit „Grün und blau" sowie „Mit dem Blasebalg folgen".

Die Tour verläuft anschließend durch die Asse vorbei am Schacht Asse II und dem Waldhaus zur Asse nach Wittmar zur „Die Kirche und der Wehrturm" und dann weiter über Kissenbrück zum „Der Pfarrer und das Pferd" anschließend nach Neindorf zu „Zwei Fenster und ein Taufstein".

Die Schlussetappe führt über die Okertalsiedlung und Linden wieder zurück zum Ausgangspunkt der Tour, dem Bahnhof in Wolfenbüttel.

Eulenspiegel „Am Pranger"

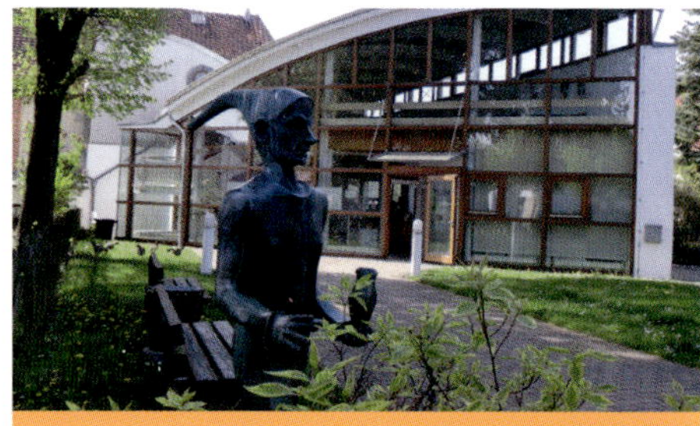
Till Eulenspiegel-Museum

STRECKENINFO

Länge	63,6 km
Anstiege	550 Hm
Asphalt	50 %
Schotter	45 %
Pfade	5 %

Schwierigkeit	Mittel
Fahrtechnik	●●●○○
Kondition	●●●●○

Wolfenbüttel
Salzdahlum
Lucklum
Apelnstedt
Evessen
Räbke
ELM
Ampleben
Kneitlingen
Sambleben
Eitzum
Schöppenstedt
Groß Dahlum
Klein Dahlum
Ingeleben
Watzum
Barnstorf
Watenstedt
Ahlum
Dettum
Eilum
Wendessen
Linden
Klein Denkte
Groß Denkte
Groß Vahlberg
Klein Vahlberg
Wittmar
Neindorf
Ohrum
Kissenbrück
Remlingen
Groß Biewende
Dorstadt
Bornum
Semmenstedt
Timmern
ODERWALD
Oker
A36
B79
B82
0
1,0
2,0
3,0 km
Startpunkt
N
© OpenStreetMap-Mitwirkende
www.FootMap.de
Infotafeln Till Eulenspiegel Route
Till Eulenspiegel-museum
Eulenspiegel-geburtshaus
Bismarkturm
1 Schloss Wolfenbüttel
2 Rittergut
Erlebnispfad Asse Muschelkalk
1 Eulenspiegel-Taufkirche
2 St. Nicolai Kirche
Bahnhof
Asse II

11 FEMO-NORD LUTTERHEIDE

FEMO NORD

Aussichtsplattform an der Uhraumündung

DIE LUTTERHEIDE IM NORDOSTEN VON KÖNIGSLUTTER AM ELM IST DAS ZIEL DIESER FAHRRADTOUR. DIE LUTTER, DEREN QUELLTOPF SICH AM LUTTERSPRING IM ELM BEFINDET UND SCHON NACH EINIGEN KILOMETERN IN DIE SCHUNTER MÜNDET, HAT DER STADT KÖNIGSLUTTER AM ELM UND DER LUTTERHEIDE IHRE NAMEN GEGEBEN.

TEILWEISE SIND SIE AUF SANDIGEN UNTERGRÜNDEN UNTERWEGS. ES ERFORDERT EINE GUTE FAHRTECHNIK. SIE KÖNNEN DAS RAD AUF SCHWIERIGEREN PASSAGEN AUCH SCHIEBEN.

TOURBESCHREIBUNG

Der Start- und Endpunkt dieser Tour befindet sich am Bahnhof in Königslutter am Elm. Es handelt sich bei dieser Tour um eine Rundroute, sodass die Tour alternativ an jedem anderen Ort der beschriebenen Strecke begonnen und beendet werden kann.

Die Rundroute in die Lutterheide beginnt am Bahnhof von Königslutter am Elm. Wer mit der Bahn anreist, braucht also nur auszusteigen und loszufahren. Über den Lauinger Weg, den Scheppauer Weg und die Heinrich-Gremmels-Straße führt die Strecke zum nördlichen Stadtrand. Kurze Zeit später ist der Findlingsgarten, die erste Station, bereits erreicht.

In einer nachgebildeten Eiszeitlandschaft können die dort vorhandenen Findlinge in aller Ruhe besichtigt werden. Der weitere Weg nach Rieseberg führt Sie durch eine reizvolle Landschaft. Wiesen mit Sandmagerrasen werden passiert und es eröffnet sich ein herrlicher Blick bis zum Elm. Da der sandige Untergrund in diesem Bereich nicht einfach zu befahren ist, sollte das Rad ggf. ein kurzes Stück geschoben werden.

Der Erlebnispfad Rieseberg liegt direkt an der Strecke und alles Wissenswerte dazu vermittelt eine Informationstafel vor Ort. Über Rieseberg geht es anschließend weiter nach Rotenkamp, wo sich am Dorfteich eine Rast anbietet. Weiter führt die Route durch den Boimstorfer Sundern in Richtung Ochsendorf. Auf dem weiteren Weg nach Beienrode folgt ein weiteres Highlight der Tour. Genau an der Stelle, wo die Uhrau in die Schunter mündet, wurde eine Aussichtsplattform errichtet. Sie ermöglicht einen weiten Blick über das Naturschutzgebiet Lutterlandbruch.

Auf der Strecke nach Groß Steinum wird die Kreisstraße verlassen, um zum Großsteingrab am Dorm (Stempelstelle 22) zu gelangen. Hier empfiehlt es sich, die Räder

Im Findlingsgarten

Erlebnispfad Rieseberg

am Waldrand stehen zu lassen und die letzten 200 m zu Fuß zurückzulegen. Bei dem Großsteingrab am Dorm handelt es sich um ein versetztes, rekonstruiertes Monument aus der Zeit um 3.500 v. Chr.
Am Ortsrand von Groß Steinum befindet sich die Baustelle Großsteingrab an der Bockshornklippe. Alles Wissenswerte über den Ort und die Gräber erfährt man auf den Informationstafeln. Über Rottorf führt die Route nun durch die Lutterheide nach Königslutter am Elm. Auf dem Marktplatz befindet sich nicht nur das GeoPark-Informationszentrum (Stempelstelle 21), sondern auch das Alte Rathaus und die Stadtkirche. Zurück zum Bahnhof ist die Strecke ausgeschildert.

Blick auf die Schunter

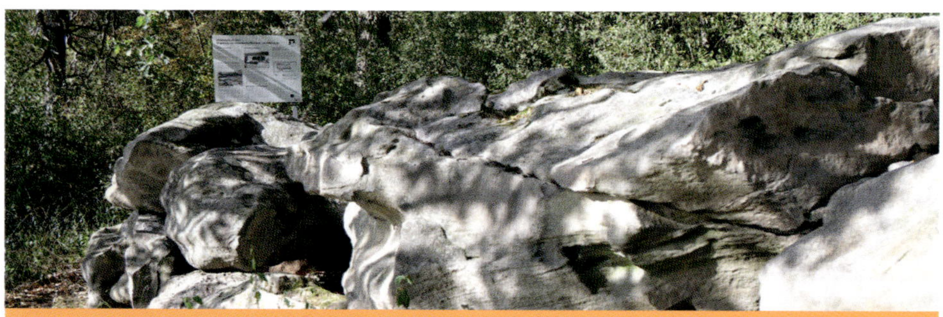

Großsteingrab am Dorm

STRECKENINFO

Länge	27,2 km
Anstiege	140 Hm
Asphalt	50 %
Schotter	45 %
Pfade	5 %

Schwierigkeit	Leicht
Fahrtechnik	●●○○○
Kondition	●●○○○

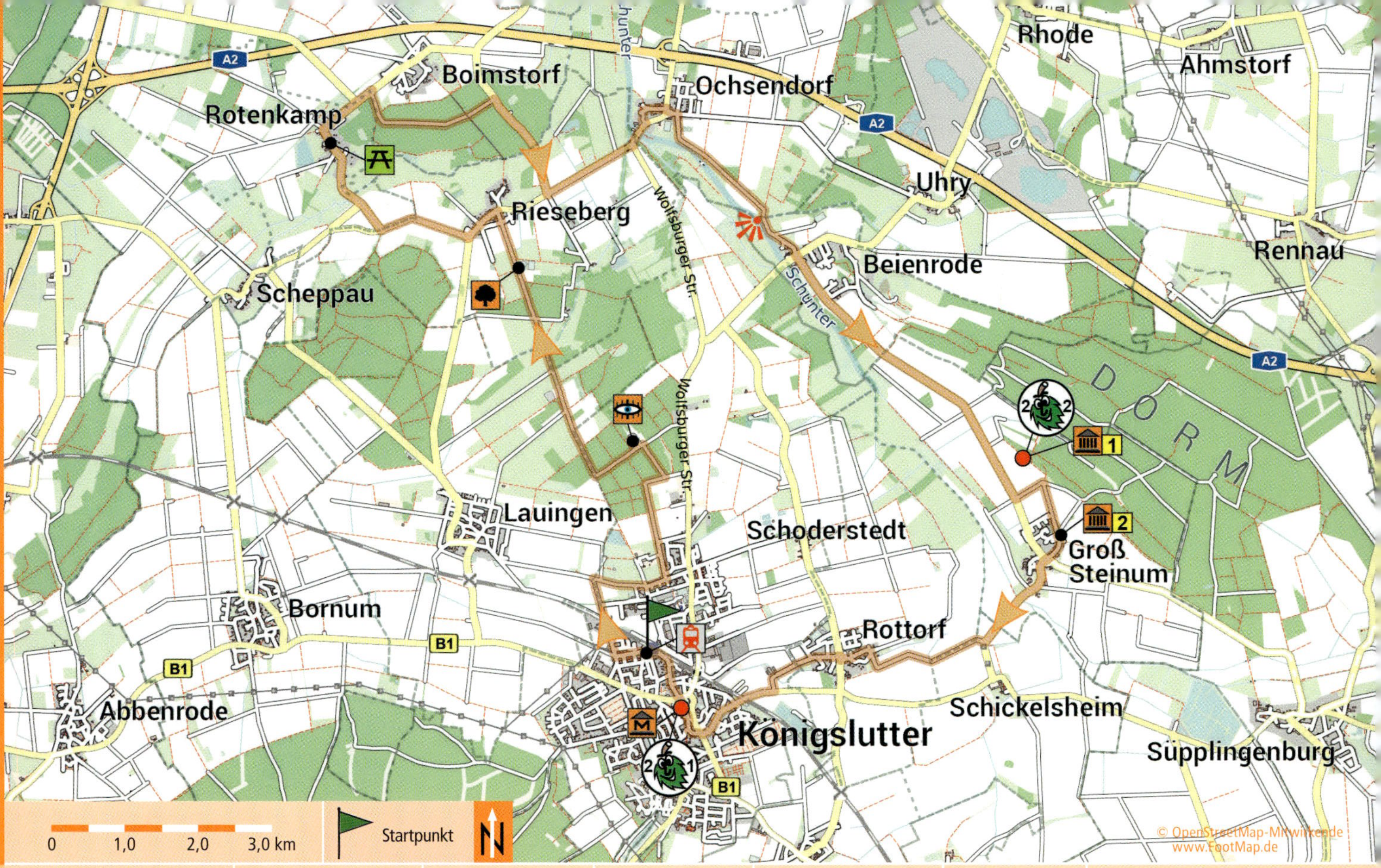

Rhode
Ahmstorf
Boimstorf
Ochsendorf
Rotenkamp
A2
Uhry
Rieseberg
Wolfsburger Str.
Rennau
Beienrode
Schunter
Scheppau
DORM
Lauingen
Schoderstedt
Groß Steinum
Bornum
Rottorf
B1
Abbenrode
Schickelsheim
Königslutter
Süpplingenburg

0 1,0 2,0 3,0 km

Startpunkt

© OpenStreetMap-Mitwirkende
www.FootMap.de

1 Großsteingrab am Dorm
2 Großsteingrab Bockshornklippe

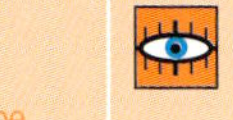
Findlingsgarten

Erlebnispfad Rieseberg

Dorfteich Rotenkamp

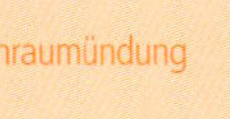
Uhraumündung

Bahnhof

GeoPark Informations-zentrum

12 FEMO-SÜD LUTTERHEIDE

Quelltopf der Lutter am Lutterspring

DIESE LEICHTE TOUR FÜHRT IN DEN SÜDWESTEN DER STADT KÖNIGSLUTTER AM ELM. NEBEN DEM ROMANTISCHEN LUTTERTAL UND DER QUELLE DER LUTTER AM LUTTERSPRING STEHEN NOCH WEITERE HOCHKARÄTIGE SEHENSWÜRDIGKEITEN AUF DEM BESUCHSPROGRAMM. DAS GEOPARK-INFORMATIONSZENTRUM, DER KAISERDOM, DAS MUSEUM MECHANISCHER MUSIKINSTRUMENTE UND DIE KAISER-LOTHAR-LINDE RUNDEN DIESE TOUR AB. ZU GUTER LETZT GIBT ES AUCH NOCH EINEN ABSTECHER IN DEN ERLEBNISSTEINBRUCH HAINHOLZ.

TOURBESCHREIBUNG

Der Start- und Endpunkt dieser Tour befindet sich am Bahnhof in Königslutter am Elm. Es handelt sich bei dieser Tour um eine Rundroute, sodass die Tour alternativ an jedem anderen Ort der beschriebenen Strecke begonnen und beendet werden kann.
Bei dieser Tour wurde der Bahnhof in Königslutter am Elm erneut als praktischer Startpunkt gewählt. Wer mit der Bahn anreist, kann seine Rundtour umgehend beginnen.
Bis zum Marktplatz in Königslutter am Elm sind es nur wenige Minuten. Hier befindet sich, direkt hinter dem Rathaus, das GeoPark-Informationszentrum, in dem die Region erdgeschichtlich und mit vielen touristischen Angeboten vorgestellt wird. Gleich daneben befindet sich auch die Stadtkirche.
Durch die Innenstadt führt die Route nun über Gänsemarkt, Kattreppeln und Am Plan weiter zum Kaiserdom. Eine Besichtigung des alten Wahrzeichens von Königslutter am Elm ist natürlich obligatorisch. Gleich nebenan befindet sich das Museum Mechanischer Musikinstrumente (Stempelstelle 24) und die mächtige Kaiser-Lothar-Linde, die übrigens ähnlich alt ist wie der Kaiserdom (ca. 900 Jahre).
Vom Kaiserdom führt die Route entlang der Lutter zu ihrer Quelle am Lutterspring. In südliche Richtung weiterfahrend folgt man kurz hinter dem Parkplatz der nach rechts bergauf führenden Asphaltstraße zum Erlebnissteinbruch Hainholz (Stempelstelle 23).
Geologie, Kulturgeschichte und Waldentwicklung sind die Themen, über die bei einer Besichtigung des Steinbruchs informiert wird. Archäologisch interessierte Besucher werden hier sicherlich das ein oder andere Fossil finden.
Vom Steinbruch aus sind noch einige Höhenmeter zu

Kaiserdom in Königslutter am Elm

Museum Mechanischer Musikinstrumente

erklimmen, bis es dann auf einer langen Abfahrt zurück in Richtung Königslutter geht.
Am Wanderparkplatz Elmstraße ist der Waldrand wieder erreicht. Die Strecke schlängelt sich noch etwas durch die Straßen von Königslutter und einen Augenblick später ist der Ausgangspunkt der Tour am Bahnhof wieder erreicht.

Erlebnissteinbruch Hainholz

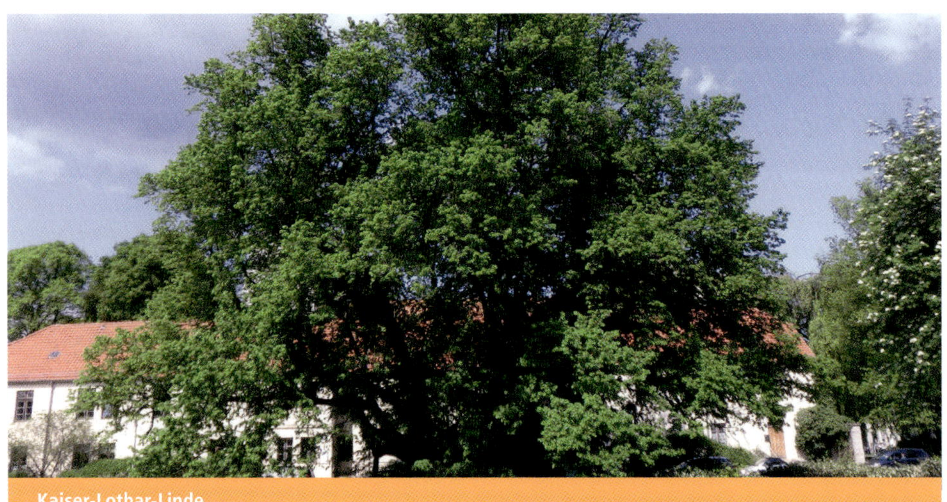

Kaiser-Lothar-Linde

STRECKENINFO

Länge	9,9 km
Anstiege	175 Hm
Asphalt	30 %
Schotter	60 %
Pfade	10 %

Schwierigkeit	Leicht
Fahrtechnik	●○○○○
Kondition	●○○○○

Bornum

B1

Königslutter

Rottorf

Lutter

Am Rischbleek

Elmstraße

Sunstedt

Neumark

E L M

0 0,5 1,0 1,5 km

Startpunkt

N

© OpenStreetMap-Mitwirkende
www.FootMap.de

1 GeoPark-Infozentrum
2 Museum Mechan. Musikinstrumente

1 Stadtkirche Königslutter
2 Kaiserdom

Quellhaus der Lutter

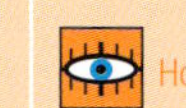

Honigkuchengrund

Erlebnisstein-bruch Hainholz

Tiefe Tal

Bahnhof

13 KAISERDOM-ROUTE

Kaiserdom Königslutter am Elm

ENTDECKEN SIE EINES DER BEDEUTENDSTEN ROMANISCHEN BAUWERKE IN DEUTSCHLAND: DEN KAISERDOM IN KÖNIGSLUTTER. GLEICH NEBENAN ERKLINGEN IM MUSEUM MECHANISCHER MUSIKINSTRUMENTE MEHR ALS 250 INSTRUMENTE VON DER KLEINEN SPIELUHR BIS ZUR RIESIGEN JAHRMARKTORGEL. AUF DEM WEG DORTHIN IST TILL EULENSPIEGEL EIN STETER BEGLEITER. ZUSÄTZLICH LIEGEN DAS RITTERGUT LUCKLUM, DIE WASSERBURG VELTHEIM, DAS SCHLOSS DESTEDT UND DIE BOCKWINDMÜHLE ABBENRODE DIREKT AUF DER STRECKE. AUF DEM RÜCKWEG ÜBER DEN DRACHENBERG UND DURCH DAS REITLINGSTAL MACHEN SIE BEKANNTSCHAFT MIT DEM ABLASSPREDIGER JOHANN TETZEL.

TOURBESCHREIBUNG

Der Start- und Endpunkt dieser Tour befindet sich am Bahnhof in Schöppenstedt. Es handelt sich bei dieser Tour um eine Rundroute, sodass die Tour alternativ an jedem anderen Ort der beschriebenen Strecke begonnen und beendet werden kann.

Vom Bahnhof Schöppenstedt führt die Route vorbei am Rathaus und dem Till Eulenspiegel-Museum in nördlicher Richtung nach Kneitlingen, dem Geburtsort Eulenspiegels. An der St. Nicolai-Kirche befinden sich nicht nur sein Denkmal, sondern auch zahlreiche Installationen, die das Leben des Narren widerspiegeln.

Dem Taufweg von Till folgend kommen Sie nach Ampleben mit seiner Taufkirche und dem Taufstein, der sich mitten im Ort befindet. Ist anschließend der anstrengende Anstieg an den Elmrand bewältigt, eröffnet sich ein beeindruckender Ausblick auf die sogenannte „Toskana des Nordens". Etwas weiter westlich folgt die Obstbausiedlung Evessen, denn der Südwestrand des Elms bietet gute Voraussetzungen für den Obstanbau. Mehrere Höfe bewirtschaften Flächen mit Apfel-, Birnen- und Kirschbäumen, deren Obst in Hofläden verkauft wird.

Vorbei am Erlebnissteinbruch Markmorgen führt die Tour über Erkerode zum Rittergut Lucklum.

Diese jahrhundertealte Gutsanlage mit Herrenhaus, Gutskirche, Wirtschafts- und Wohngebäuden sowie einem Landschaftspark lädt zu einer Besichtigung ein.

Weiter geht es nach Veltheim, wo ein Abstecher zur Wasserburg mit der Kirche St. Remigius obligatorisch ist.

Kurze Zeit später steht der Schlosspark Destedt auf dem Besichtigungsprogramm. Kaum ist Destedt verlassen, folgt am Ortsrand von Abbenrode die Bockwindmühle, auf dessen Freigelände auch etliche landwirtschaftliche Geräte besichtigt werden können.

Wasserburg Veltheim und St. Remigius

Schloss Destedt

KAISERDOM-ROUTE

Über Bornum und Lauingen führt der Rundkurs nun nach Königslutter. Der mächtige Kaiserdom ist schon aus der Ferne am Horizont zu erkennen und thront regelrecht über der Stadt. Die Besichtigungstour beginnt auf dem historischen Marktplatz. Direkt neben dem Rathaus befinden sich die Stadtkirche und das GeoPark-Informationszentrum. Durch die Innenstadt verläuft die Tour dann zum Kaiserdom, dem Museum Mechanischer Musikinstrumente und der über 900-jährigen Kaiser-Lothar-Linde (Stempelstelle 25). An der Lutter entlang wird Königslutter verlassen und einen Kilometer später ist am Lutterspring das Quellhaus der Lutter erreicht. Nach einem kurzen Stopp heißt es jetzt wieder einmal kräftig in die Pedale treten, denn der Drachenberg muss erklommen werden. Als Belohnung für die Anstrengung folgt eine zügige Talfahrt ins Reitlingstal.

Wie schon zu erwarten, müssen die vernichteten Höhenmeter bei der nächsten Bergetappe zurückerobert werden. Oben angekommen, erfahren Sie am Tetzelstein (Stempelstelle 26) viel Wissenswertes über das Leben des Ablasspredigers Johann Tetzel. Die gleichnamige historische Waldgaststätte lädt vor der letzten Abfahrt zu einer Pause ein.

Die Schlussetappe führt über den Hagenweg und die Küblinger Trift mit einem herrlichen Blick auf das Harzvorland zurück zum Ausgangspunkt der Tour nach Schöppenstedt.

Kaiserdom und Kaiser-Lothar-Linde

Tetzelstein im Elm

STRECKENINFO

Länge	49,9 km
Anstiege	630 Hm
Asphalt	45 %
Schotter	50 %
Pfade	5 %

Schwierigkeit	Mittel
Fahrtechnik	●●○○○
Kondition	●●●●○

Braunschweig
Scheppau
Lauingen
Barmke
Schandelah
A36
A2
Bornum
B1
Königslutter
Süpplingenburg
Cremlingen
Abbenrode
Destedt
Süpplingen
Veltheim
Sickte
Lelm
Salzdahlum
Lucklum
Frellstedt
Apelnstedt
Evessen
Rabke
Atzum
Ahlum
Dettum
Ampleben
Kneitlingen
Warberg
Wolfenbüttel
Eilum
ELM
Weferlingen
Eitzum
Groß Denkte
Bansleben
Groß Vahlberg
Schöppenstedt
Schöningen
Groß Dahlum
B82
Wobeck
Lange Trift
© OpenStreetMap-Mitwirkende
www.FootMap.de
0 1,0 2,0 3,0 4,0 km
Startpunkt
1 Geopark-Infozentrum
2 Museum Mechan. Musikinstrumente
3 Till Eulenspiegel Museum
1 Rittergut Lucklum
2 Wasserburg Veltheim
3 Schloss Destedt
1 Till Eulenspiegel Taufkirche
2 Kaiserdom
Erlebnissteinbruch Markmorgen
Bockwindmühle Abbenrode
Till Eulenspiegel Denkmal
Kaiser-Lothar-Linde
Tetzelstein
Bahnhof

14 HEESEBERG-ROUTE

Heesebergturm

DIE IDYLLISCHEN VON DER LANDWIRTSCHAFT GEPRÄGTEN HEESEBERGDÖRFER SCHAREN SICH UM DEN SCHON VON WEITEM SICHTBAREN HEESEBERG (200 M).
VOM GLEICHNAMIGEN TURM, INMITTEN EINES NATUR- UND LANDSCHAFTS-SCHUTZGEBIETES, ERSCHLIESST SICH EIN HERRLICHES PANORAMA.

TOURBESCHREIBUNG

Der Start- und Endpunkt dieser Tour befindet sich an der Burg Warberg in Warberg. Es handelt sich bei dieser Tour um eine Rundroute, sodass die Tour alternativ an jedem anderen Ort der beschriebenen Strecke begonnen und beendet werden kann.

Nach einem lockeren Einrollen durch den Ort steht gleich die größte Herausforderung der Tour auf dem Programm. Auf dem Kißleberweg müssen die Höhen des Elms erklommen werden.

Ist der höchste Punkt der Tour (ca. 300 m) an der Haukhütte erreicht, geht es gleich wieder bergab. In zügiger Fahrt wird der Elmrand erreicht. Hier heißt es einmal kräftig bremsen, um am Rastplatz Brockenblick eine Pause einzulegen. Soviel Zeit muss sein, um den herrlichen Blick über den Heeseberg hinweg bis zum Harz zu genießen. Auf verkehrsarmen Straßen führt die Strecke anschließend über Twieflingen und Dobbeln nach Jerxheim, um dann die letzten Höhenmeter bis zum Gipfel (200 m) des Heesebergs zu bewältigen. Jetzt folgen noch die 77 Stufen bis zur Aussichtsplattform des von Karl Kleye 1912 errichteten Heesebergturms (Stempelstelle 27), um die beeindruckende Aussicht zu genießen.

Im Süden erhebt sich der Harz mit seinem höchsten Gipfel, dem Brocken (1141 m). Ihm vorgelagert sind zwei kleinere Höhenzüge. Im Osten der Huy und im Westen der Große Fallstein. In Richtung Norden bildet der bis zu 323 Meter hohe Elm die Begrenzung des Panoramas. Für diejenigen, die den Heeseberg noch zu Fuß erkunden möchten, bietet sich der Geopfad Heeseberg für eine kurze Wanderung an. Talwärts führt die Strecke anschließend zurück nach Jerxheim, um dann über Söllingen und Hoiersdorf nach Schöningen zu gelangen. Am Ortseingang von Schöningen lädt die St. Lorenz-

Burg Warberg

Blick vom Elmrand zum Heeseberg

Kirche (Stempelstelle 28) mit ihrem Bibelgarten zum Verweilen ein. In der Schöninger Innenstadt angekommen sind Schloss, Heimatmuseum, St. Vincenz, Geschichtsbrunnen und Wassermaid interessante Ziele. Nach der Stadtbesichtigung wird die Innenstadt durch das Schloss verlassen und über die Schlosswiese und den Volkspark führt die Strecke an den nördlichen Stadtrand. Esbeck wird durchfahren und kurze Zeit später ist der Abzweig Buschhaus erreicht, um dann in westlicher Richtung über den St. Ludgeri Südschacht zurück zum Ausgangspunkt in Warberg zu kommen.

St. Lorenz Kirche mit Bibelgarten

Blick auf den Marktplatz in Schöningen

STRECKENINFO

Länge	38,2 km
Anstiege	450 Hm
Asphalt	60 %
Schotter	40 %
Pfade	0 %

Schwierigkeit	Mittel
Fahrtechnik	●●○○○
Kondition	●●●●○

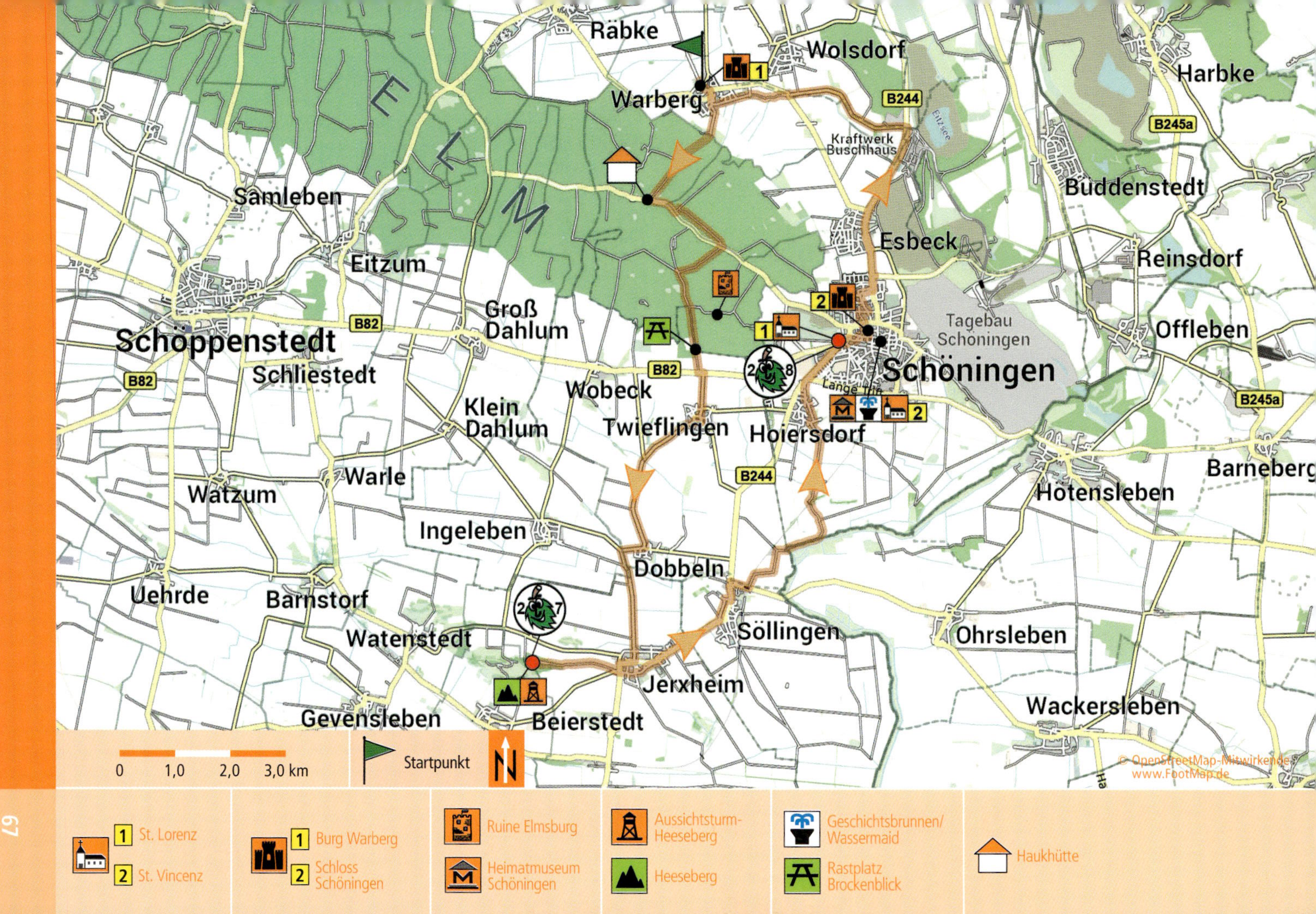

Räbke
Wolsdorf
Harbke
Warberg
B244
B245a
Kraftwerk Buschhaus
Eitzsee
Samleben
Buddenstedt
E L M
Esbeck
Reinsdorf
Eitzum
Groß Dahlum
Tagebau Schöningen
Offleben
Schöppenstedt
B82
Schliestedt
Wobeck
Schöningen
Lange Tie
B245a
Klein Dahlum
Twieflingen
Hoiersdorf
Warle
Watzum
B244
Barneberg
Hötensleben
Ingeleben
Dobbeln
Uehrde
Barnstorf
Watenstedt
Söllingen
Ohrsleben
Jerxheim
Wackersleben
Gevensleben
Beierstedt
0 1,0 2,0 3,0 km
Startpunkt
N
© OpenStreetMap-Mitwirkende
www.FootMap.de
1 St. Lorenz
2 St. Vincenz
1 Burg Warberg
2 Schloss Schöningen
Ruine Elmsburg
Heimatmuseum Schöningen
Aussichtsturm-Heeseberg
Heeseberg
Geschichtsbrunnen/Wassermaid
Rastplatz Brockenblick
Haukhütte

15 SCHÖNINGEN-ROUTE

Schöninger Wassermaid

NACH DER BESICHTIGUNG DES FORSCHUNGSMUSEUMS SCHÖNINGEN (PALÄON) BEGINNT EINE RUNDTOUR IN DIE JÜNGERE DEUTSCHE GESCHICHTE, DENN DER TAGEBAUINFORMATIONSPUNKT UND DAS GRENZDENKMAL HÖTENSLEBEN SIND IN DEN ROUTENVERLAUF EINGEBUNDEN. IM WEITEREN VERLAUF DER TOUR GIBT ES OBERHALB VON HOIERSDORF IMPOSANTE AUSBLICKE UND SCHÖNINGEN BEGEISTERT MIT SEINEN VIELEN SEHENSWÜRDIGKEITEN UND KULTURGÜTERN.

TOURBESCHREIBUNG

Der Start- und Endpunkt dieser Tour befindet sich am Forschungsmuseum Schöningen (paläon). Es handelt sich bei dieser Tour um eine Rundroute, sodass die Tour alternativ an jedem anderen Ort der beschriebenen Strecke begonnen und beendet werden kann.

Vom Forschungsmuseum Schöningen (paläon) verläuft die Route am Rand des Tagebaus entlang zum Tagebauinformationspunkt (Stempelstelle 29). Hier erfährt man einiges über die regionale Bergbaugeschichte. Elektrolokomotiven, Kohlewagen und ein kleiner Schaufelradbagger sind imposante Zeitzeugen dieser Ära.

In nur 1,5 Kilometer Entfernung dokumentiert das Grenzdenkmal Hötensleben die örtlichen Zustände von 1989. Die Anlage wurde bereits im Januar 1990 unter Denkmalschutz gestellt und gilt heute als das am besten erhaltene Zeugnis der ehemaligen innerdeutschen Grenzbefestigung.

Hier sollte ausreichend Zeit für eine Besichtigung eingeplant werden.

Nach kurzer Fahrt auf dem Kolonnenweg wird die Eisenbahnbrücke (Stempelstelle 30) über die Aue erreicht. Es handelt sich hier um die ehemalige Eisenbahnverbindung Schöningen – Oschersleben. Das Besondere an dieser Brücke: sie wurde nach der Grenzöffnung als Symbol der Wiedervereinigung errichtet.

Auf dem Bahndamm geht es danach durch die Schöninger Feldmark in Richtung Fleitsmühle und am Mühlbach entlang nach Hoiersdorf. Dieser Streckenabschnitt zeichnet sich durch einen hervorragenden Blick auf die Silhouette Schöningens mit der markanten Kirche St. Lorenz aus. Ist der Anstieg nach und durch Hoiersdorf gemeistert, wird die Anstrengung mit einem beeindruckenden Blick auf die gesamte Region belohnt. Im Süden erhebt sich der Harz, im Osten reicht der Blick

Tagebauinformationspunkt

Grenzdenkmal Hötensleben

über das Forschungsmuseum Schöningen (paläon) und Hötensleben hinweg bis weit hinein nach Sachsen-Anhalt. In Schöningen angekommen lädt die St. Lorenz-Kirche mit dem Bibelgarten zu einer Besichtigung ein. In der Innenstadt folgen dann Schloss, Geschichtsbrunnen, Wassermaid, Heimatmuseum und das Alte Rathaus. Restaurants und Geschäfte laden außerdem zum Verweilen ein, bevor das letzte Stück zum Ausgangspunkt der Tour zurückgelegt wird.

Bibelgarten

Schloss Schöningen

STRECKENINFO

Länge	12,7 km
Anstiege	150 Hm
Asphalt	78 %
Schotter	20 %
Pfade	2 %

Schwierigkeit	Leicht
Fahrtechnik	●○○○○
Kondition	●○○○○

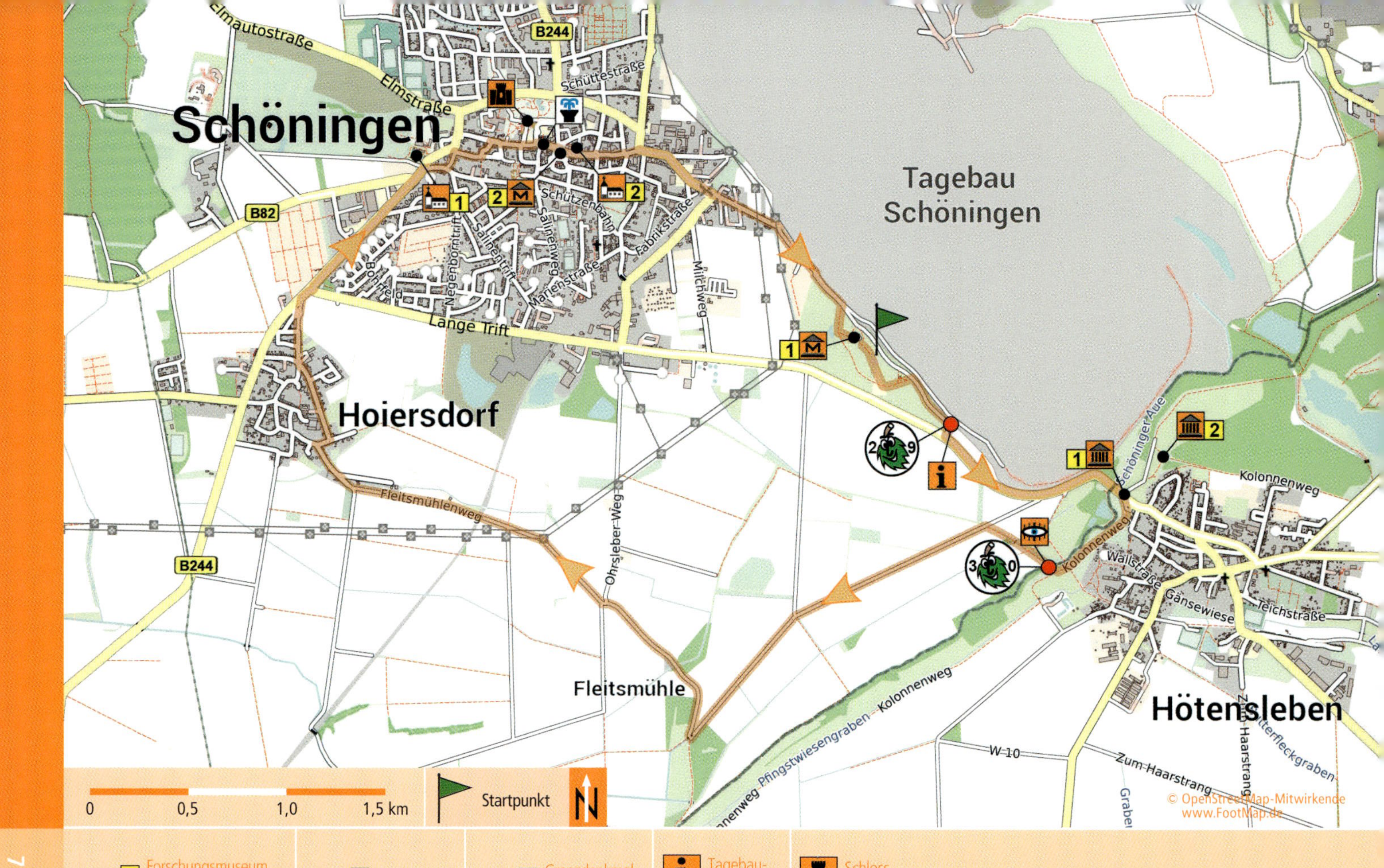

Schöningen
Tagebau Schöningen
Hoiersdorf
Fleitsmühle
Hötensleben
Elmautostraße
Elmstraße
Schüttestraße
B244
B82
Schützenbahn
Fabrikstraße
Salinenweg
Salinentrift
Negenborntrift
Marienstraße
Bohnfeld
Lange Trift
Milchweg
Ohrsleber Weg
Fleitsmühlenweg
Kolonnenweg
Schöninger Aue
Wallstraße
Gänsewiese
Teichstraße
Pfingstwiesengraben
Zum Haarstrang
W-10
Graben
0
0,5
1,0
1,5 km
Startpunkt
N
© OpenStreetMap-Mitwirkende
www.FootMap.de
1 Forschungsmuseum Schöningen paläon
2 Heimatmuseum Schöningen
1 St. Lorenz
2 St. Vincenz
1 Grenzdenkmal Hötensleben
2 Wachturm
Tagebau-Infopukt
Eisenbahn-brücke
Schloss Schöningen
Geschichtsbrunnen/ Wassermaid

16 SÜDELM-ROUTE

SÜD ROUTE

Blick auf das Gelände der Hünenburg und Watenstedt

DIESE MITTELSCHWERE FAHRRADTOUR FÜHRT AN DEN SÜDRAND DES NATURPARKS ELM-LAPPWALD. NICHT NUR DIE ZEUGEN DER ALTEN SIEDLUNGEN IM ELM UND DER WEITHIN BEKANNTE NARR TILL EULENSPIEGEL SIND BESTANDTEIL DIESER RUNDTOUR, SONDERN AUCH WATENSTEDT MIT DEM HEESEBERG-MUSEUM UND DIE AUSGRABUNGSSTELLE DER AM FUSS DES HEESEBERGS GELEGENEN HÜNENBURG.
EINE EINMALIGE LANDSCHAFT MIT HERRLICHEN AUSBLICKEN WARTET AUF SIE.

TOURBESCHREIBUNG

Der Start- und Endpunkt dieser Tour befindet sich am Rathaus in Schöppenstedt. Es handelt sich bei dieser Tour um eine Rundroute, sodass die Tour alternativ an jedem anderen Ort der beschriebenen Strecke begonnen und beendet werden kann.

Vom Rathaus in Schöppenstedt führt die Route zuerst in südöstlicher Richtung. Über Watzum und Warle verläuft die Route in Richtung Watenstedt. Oberhalb von Watenstedt befindet sich das Naturschutzgebiet Hahntal. Bei gutem Wetter hat man von hier aus einen beeindruckenden Blick bis zum Harz mit seiner höchsten Erhebung, dem Brocken (1141 m).

Im Frühjahr blühen im Naturschutzgebiet Hahntal, genau wie auf dem Heeseberg, die Adonisröschen.

In Watenstedt angekommen ist der Besuch des Heeseberg-Museums lohnenswert. Danach wird der Südhang des Heesebergs mit der Hünenburg (Stempelstelle 32) erkundet. Die dortigen Ausgrabungen geben Aufschluss über die frühere Siedlungsstruktur am Heeseberg. Dazu gehören Vorratsgruben und Öfen zur Lagerung und Zubereitung der Nahrung, möglicherweise von Metallhandwerkern angelegte Feuerstellen und Standorte und Bauart der damaligen Behausungen.

Es lassen sich ca. fünf Meter breite und 12 Meter lange, dreischiffige Gebäude rekonstruieren, mit abgerundeten Schmalseiten und einem Eingang im Südwesten. Zu erahnen ist, wie das Gelände insgesamt einst genutzt worden ist. Kurzum, eine faszinierende Reise in die Bronzezeit. Zurück in der Gegenwart führt die Strecke am Heeseberg entlang weiter nach Jerxheim und Söllingen. In der Söllinger Feldmark verläuft die Strecke ein kurzes Stück an der ehemaligen innerdeutschen Grenze entlang, bevor Hoiersdorf erreicht wird. Ist der längere Anstieg in Richtung Schöningen überwunden, wird

Rathaus Schöppenstedt mit Till Eulenspiegel

Heeseberg-Museum

die St. Lorenz Kirche mit ihrem bekannten Bibelgarten erreicht. Hier ist ein kurzer Halt empfehlenswert. Anschließend folgt ein Abstecher in die Schöninger Innenstadt mit dem Schloss und seinen Torhäusern, dem Geschichtsbrunnen, dem Heimatmuseum und dem Alten Rathaus mit der davor befindlichen Wassermaid. Nach der Stadtbesichtigung geht es hinauf in den Elm. Die Anstrengungen werden mit einem herrlichen Blick auf den Heeseberg und den Harz belohnt. Im Elm angekommen liegen der Goldene Hirsch (Stempelstelle 31), die Elmsburg und die Hügelgräber auf der Strecke. An der ehemaligen Waldgaststätte Watzumer Häuschen wird der Elm wieder verlassen. An den sich am Wegesrand befindlichen Eulenspiegel-Installationen bemerken Sie, dass Schöppenstedt ganz in der Nähe liegt. Sie „erzählen" Geschichten aus dem Leben des bekannten Narren.

Ist Eitzum durchfahren, verläuft die Route zum Teil auf der alten Strecke der Braunschweig-Schöninger Eisenbahn zurück zum Ausgangspunkt in Schöppenstedt.

St. Lorenz Kirche mit Bibelgarten

Goldener Hirsch

STRECKENINFO

Länge	46 km
Anstiege	450 Hm
Asphalt	60 %
Schotter	35 %
Pfade	5 %

Schwierigkeit	Mittel
Fahrtechnik	●●○○○
Kondition	●●●○○

Ampleben
Kneitlinge
Sambleben
Eitzum
Bansleben
Schöppenstedt
E L M
Warberg
Büddenstedt
Esbeck
Schöningen
Tagebau Schöningen
Lange Trift
Groß Dahlum
Klein Dahlum
Wobeck
Twieflingen
Hoiersdorf
Hötensleben
Berklingen
Watzum
Warle
Ingeleben
Dobbeln
Uehrde
Barnstorf
Watenstedt
Beierstedt
Jerxheim
Söllingen
Ohrsleben
B82
B244
0 1,0 2,0 3,0 km
Startpunkt
© OpenStreetMap-Mitwirkende
www.FootMap.de
1 Hünenburg
2 Altes Rathaus
3 Hügelgräber
4 Hügelgräber
1 Eulenspiegel-Museum
2 Heeseberg-Museum
3 Heimatmuseum Schöningen
1 St. Stephanus
2 St. Lorenz
1 Rastplatz Hahntal
2 Rastplatz 5-kantiger Stein
Schloss Schöningen
Geschichts-brunnen
Goldener Hirsch
Infotafeln Till Eulenspiegel Route
Ruine Elmsburg

17 NORDELM-ROUTE

Museum Mechanischer Musikinstrumente

DIESE SCHWERE FAHRRADTOUR FÜHRT ABSEITS DER VERKEHRSSTRASSEN AUF WALDWEGEN VON SCHÖNINGEN NACH KÖNIGSLUTTER AM ELM.
ZURÜCK FÜHRT DIE ROUTE AM NORDRAND DES ELMS NACH RÄBKE UND DANN DURCH DEN ELM ZURÜCK NACH SCHÖNINGEN.
VIELE SEHENSWÜRDIGKEITEN DER REGION SIND IN DEN TOURVERLAUF EINGEBUNDEN UND MACHEN SIE SO ZU EINER „ERLEBNISTOUR".

TOURBESCHREIBUNG

Der Start- und Endpunkt dieser Tour befindet sich auf dem Burgplatz in Schöningen. Es handelt sich bei dieser Tour um eine Rundroute, sodass die Tour alternativ an jedem anderen Ort der beschriebenen Strecke begonnen und beendet werden kann.

Vom Burgplatz aus beginnt sofort der lange Anstieg hinauf in den Elm. Ist der Elmrand am Luxwinkel erreicht, folgen gleich darauf der Goldene Hirsch, die Elmsburg und die Hügelgräber. Diese Zeitzeugen liegen direkt an der Strecke und eine kurze Besichtigung sollte eingeplant werden.

Die Weiterfahrt erfolgt entspannt auf Schotterwegen ohne große Höhenunterschiede vorbei am Bödner Teich (Stempelstelle 33), bis der südliche Elmrand oberhalb von Eitzum erreicht ist. Bei guter Sicht hat man von hier aus einen weiten Blick auf das Harzvorland mit Asse, Großem Fallstein und Huy. Im Hintergrund ist der Harz mit seiner höchsten Erhebung, dem Brocken (1141 m), zu erkennen.

Jetzt heißt es wieder in die Pedale treten, denn der Anstieg zum „Elmrücken" ist zu überwinden, um dann nach Langeleben bergab zu fahren. Das Quellhaus Schierpkebach und die Ruine Langeleben befinden sich rechts der Strecke.

Wie nicht anders zu erwarten, lässt der nächste Anstieg nicht lange auf sich warten, denn der Drachenberg mit dem weithin sichtbaren Funkmast muss erklommen werden. Zur Belohnung gibt es eine lange Talfahrt, auf der man am Erlebnissteinbruch Hainholz noch einmal in die Bremsen greifen sollte, bevor die Route oberhalb der Lutter nach Königslutter am Elm führt. Dort angekommen stehen der Kaiserdom, die Kaiser-Lothar-Linde und das Museum Mechanischer Musikinstrumente auf dem Besuchsprogramm. Wer noch mehr Zeit in der Domstadt

Bödner Teich

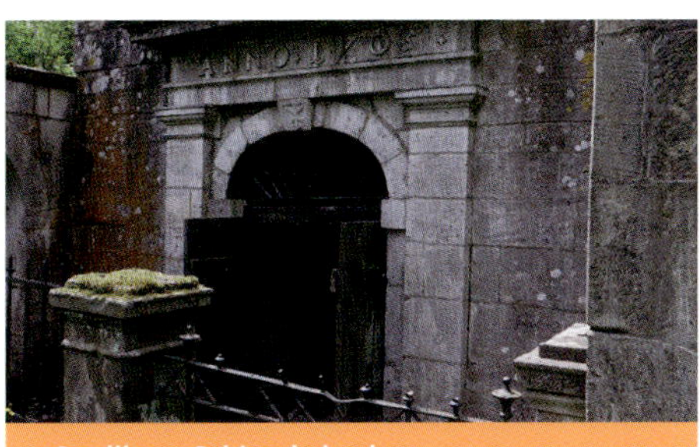

Quellhaus Schierpkebach

verbringen möchte, sollte noch einen kurzen Abstecher in die Innenstadt unternehmen. Der Marktplatz mit dem Altem Rathaus, der Stadtkirche und dem GeoPark-Informationszentrum lädt dann zu einer ausgiebigen Pause ein. Die Rücktour führt über Sunstedt und Lelm in das ehemalige Mühlendorf Räbke. Die Mühle Liesebach ist vollumfänglich restauriert und funktionsfähig. Sozusagen ein „Geheimtipp" für eine Besichtigung nach Voranmeldung.

An der Schunter entlang führt die Strecke jetzt zur Schunterquelle (Stempelstelle 34). Nachdem anschließend die Teufelsküche durchquert ist, verläuft der sogenannte Bierweg am Elmrand entlang. Vorbei an der Alten Burg Warberg geht es über den Elsbeerenweg zur Elm-Auto-Straße. Nach einem kurzen Straßenstück wird das „Karl-May-Tal" und alsbald der östliche Elmrand oberhalb von Schöningen erreicht. Auf schmalen Wegen geht es nun hinab in die Stadt der Speere und durch den Volkspark und über die Schlosswiese zurück zum Burgplatz in Schöningen.

Mühle Liesebach

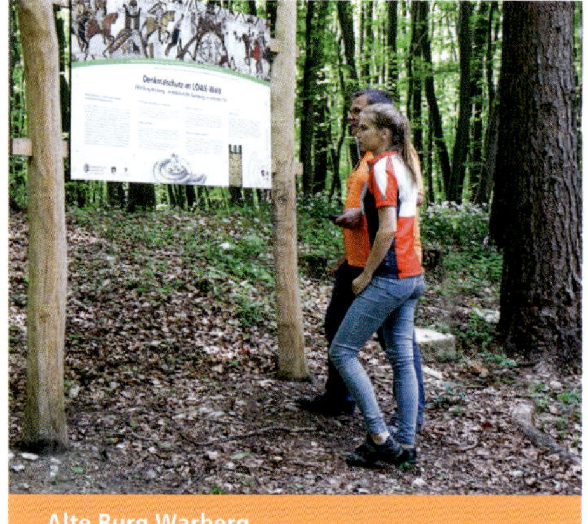
Alte Burg Warberg

STRECKENINFO

Länge	49,3 km
Anstiege	630 Hm
Asphalt	30 %
Schotter	65 %
Pfade	5 %

Schwierigkeit	Schwer
Fahrtechnik	●●●○○
Kondition	●●●●○

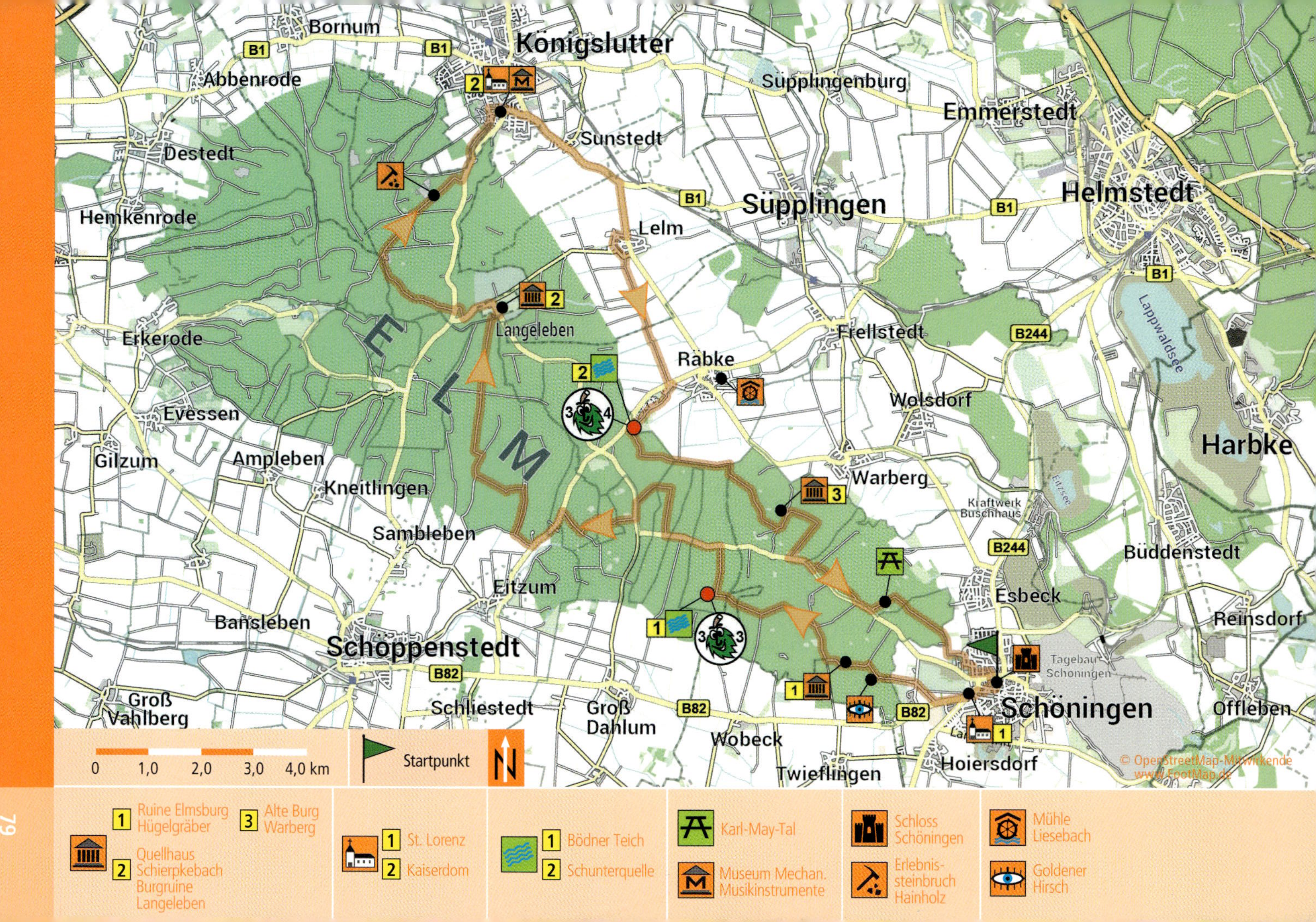
Königslutter
Bornum
Abbenrode
Destedt
Hemkenrode
Erkerode
Evessen
Gilzum
Ampleben
Kneitlingen
Sambleben
Bansleben
Schöppenstedt
Groß Vahlberg
Schliestedt
Groß Dahlum
Eitzum
Wobeck
Twieflingen
Hoiersdorf
Schöningen
Offleben
Reinsdorf
Esbeck
Büddenstedt
Harbke
Lappwaldsee
Eitzsee
Kraftwerk Buschhaus
Tagebau Schöningen
Warberg
Wolsdorf
Frellstedt
Räbke
Lelm
Langeleben
Sunstedt
Süpplingen
Süpplingenburg
Emmerstedt
Helmstedt
E L M
B1
B82
B244
0 1,0 2,0 3,0 4,0 km
Startpunkt
N
© OpenStreetMap-Mitwirkende
www.FootMap.de
1 Ruine Elmsburg Hügelgräber
2 Quellhaus Schierpkebach Burgruine Langeleben
3 Alte Burg Warberg
1 St. Lorenz
2 Kaiserdom
1 Bödner Teich
2 Schunterquelle
Karl-May-Tal
Museum Mechan. Musikinstrumente
Schloss Schöningen
Erlebnis-steinbruch Hainholz
Mühle Liesebach
Goldener Hirsch

18 EULENSPIEGEL ZWISCHEN ELM UND ASSE

Till Eulenspiegel-Museum in Schöppenstedt

DIE STADT SCHÖPPENSTEDT MIT DEM EIGENS FÜR DEN SCHALK ERRICHTETEN TILL EULENSPIEGEL-MUSEUM IST ZIEL DIESER TOUR. SELBSTVERSTÄNDLICH SIND AUCH DER GEBURTSTORT TILLS, DESSEN TAUFWEG, DIE TAUFKIRCHE IN AMPLEBEN UND VIELE STATIONEN DES „TILL EULENSPIEGEL-RADWEGES" IN DIESE TOUR MIT EINGEBUNDEN. NICHT ZU VERGESSEN IST DIE LANDSCHAFT AM SÜDRAND DES ELMS, DIE AUCH ALS „TOSKANA DES NORDENS" BEZEICHNET WIRD. HIER SIND DAS RITTERGUT LUCKLUM, DIE WASSERBURG IN VELTHEIM, DER SCHLOSSPARK IN DESTEDT SOWIE DIE BOCKWINDMÜHLEN IN DETTUM UND ABBENRODE SEHENSWERTE ANLAUFPUNKTE.

TOURBESCHREIBUNG

Der Start- und Endpunkt dieser Tour befindet sich an der Klosterkirche in Riddagshausen. Es handelt sich bei dieser Tour um eine Rundroute, sodass Sie die Tour alternativ an jedem anderen Ort der beschriebenen Strecke beginnen und beenden können.

Von der Klosterkirche führt die Tour abseits der Verkehrsstraßen auf Feldwegen und naturbelassenen Pfaden durch das Naturschutzgebiet Riddagshausen nach Rautheim. Weiter geht es durch die Feldmark, ein Stück an der Wabe entlang und dann auf einem verschlungenen Pfad durch das Rautheimer Holz, bis kurz darauf Salzdahlum erreicht wird.

Weiter geht es über Atzum und Ahlum nach Dettum. Auf dem Weg dorthin lädt der an der Strecke liegende Vilgensee zu einer kurzen Verschnaufpause ein. Auch an der von weitem sichtbaren Bockwindmühle in Dettum (Stempelstelle 35) kommen Sie direkt vorbei.

Weferlingen und Bansleben sind die nächsten Orte auf dieser Tour. Wenn Sie die Bahnstrecke überquert haben, sollten Sie unbedingt einen Abstecher zu den Schöppenstedter Teichen unternehmen. In der hier befindlichen Beobachtungsstation haben Sie einen beeindruckenden Blick auf die Teiche.

Zurück auf der eigentlichen Strecke erreichen Sie die „Stadt der Streiche" am südlichen Stadtrand und fahren auf direktem Weg in die Innenstadt, wo Sie den Narren am Rathaus sehen können. Auf dem Markplatz befinden sich viele Installationen, an denen sich Tafeln mit Geschichten aus dem Leben Till Eulenspiegels befinden. Vorbei an St. Stephanus, aus deren Kirchturm Till in die Posaune bläst, führt die Route zum Till Eulenspiegel-Museum. Während der Besichtigung werden Sie auf eine amüsante Weise über das Leben des Narren informiert.

Bockwindmühle Dettum

Schöppenstedter Teiche

18 EULENSPIEGEL ZWISCHEN ELM UND ASSE

Schöppenstedt wird anschließend in nördlicher Richtung verlassen. In Kneitlingen erreichen Sie den Geburtsort Eulenspiegels, wo sich neben seinem Denkmal erneut zahlreiche Installationen mit Geschichten aus seinem Leben befinden. Der Taufweg führt Sie anschließend zu seinem Taufbecken in Ampleben (Stempelstelle 36). Jetzt heißt es, den Ampleber Berg zu bezwingen, um am Südrand des Elms auf die „Toskana des Nordens" zu blicken. Oberhalb von Evessen kommen Sie direkt an der Obstbausiedlung vorbei. Am sehenswerten Erlebnissteinbruch Markmorgen sollten Sie kurz stoppen. Weiter geht es vorbei an vielen Kleinoden, die Sie begeistern werden.

Die jahrhundertealte Gutsanlage Rittergut Lucklum mit Herrenhaus, Gutskirche, Wirtschafts- und Wohngebäuden sowie einem einzigartigen Landschaftspark beginnt den Reigen. Es folgt die Wasserburg Veltheim mit der Kirche St. Remigius und der Schlosspark Destedt. Den Abschluss des Reigens bildet die Bockwindmühle in Abbenrode.

Die Schlussetappe der Rundroute führt über Gardessen, Schandelah und Weddel wieder in das Naturschutzgebiet Riddagshausen und damit zurück zum Startpunkt der Tour an der Klosterkirche in Riddagshausen.

Rittergut Lucklum

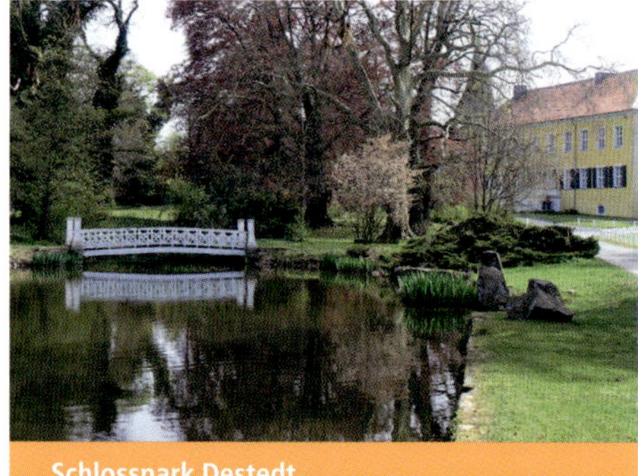

Schlosspark Destedt

STRECKENINFO

Länge	65,6 km
Anstiege	490 Hm
Asphalt	50 %
Schotter	40 %
Pfade	10 %

Schwierigkeit	Mittel
Fahrtechnik	●●●○○
Kondition	●●●●○

Braunschweig
Wolfenbüttel
Königslutter
Süpplingen
Cremlingen
Sickte
Schöppenstedt
ELM
Scheppau
Beienrode
Weddel
Schandelah
Lauingen
Gardessen
Bornum
Abbenrode
Destedt
Hemkenrode
Rautheim
Hötzum
Veltheim
Lelm
Erkerode
Lucklum
Salzdahlum
Apelnstedt
Volzum
Evessen
Räbke
Atzum
Glizum
Ampleben
Ahlum
Dettum
Kneitlingen
Sambleben
Eilum
Wendessen
Weferling
Eitzum
Groß Denkte
Bansleben
Klein Denkte
Groß Vahlberg
Schliestedt
Wobeck
Oker
Altenau
A2
A39
A36
B1
B79
B82
0 1,0 2,0 3,0 4,0 km
Startpunkt
© OpenStreetMap-Mitwirkende
www.FreeMap.de
1 Kloster Riddagshausen
2 St. Stephanus
3 Eulenspiegel Taufkirche
1 Rittergut Lucklum
2 Wasserburg Veltheim
3 Schlosspark Destedt
1 Vilgensee
2 Schöppenstedter Teiche
1 Am Brunnen Atzum
2 Amplebener Berg
1 Bockwindmühle Dettum
2 Bockwindmühle Abbenrode
Till Eulenspiegel Museum
Eulenspiegel Geburtshaus
Infotafeln Till Eulenspiegel
Erlebnissteinbruch Markmorgen

19 SCHÖNE-DÖRFER-ROUTE

SCHÖNE DÖRFER

Rittergut Lucklum mit Gutskirche

EINIGE DER SCHÖNSTEN DÖRFER IM NORDOSTEN DES LANDKREISES WOLFENBÜTTEL ENTDECKEN, DAZU LÄDT DIESE MITTELSCHWERE RADTOUR EIN. MIT DEM STARTPUNKT IN LUCKLUM BEGINNT DIE TOUR BEREITS AN EINEM HISTORISCHEN ORT. VIELE SEHENSWERTE ORTE FOLGEN. DAS JURAMEER IN SCHANDELAH, DAS LANDSCHAFTSSCHUTZGEBIET WOHLD UND DIE BUCHHORST RUNDEN DAS GANZE AB. ÜBER DIE HALTEPUNKTE IN WEDDEL UND SCHANDELAH IST DIE TOUR AUCH AN DAS STRECKENNETZ DER DEUTSCHEN BAHN ANGEBUNDEN.

TOURBESCHREIBUNG

Der Start- und Endpunkt dieser Tour befindet sich auf dem Rittergut Lucklum. Es handelt sich bei dieser Tour um eine Rundroute, sodass Sie die Tour alternativ an jedem anderen Ort der beschriebenen Strecke beginnen und beenden können. Die jahrhundertealte Gutsanlage mit Herrenhaus, Gutskirche, Wirtschafts- und Wohngebäuden sowie einem einzigartigen Landschaftspark bietet die idealen Voraussetzungen, um hier die Tour durch die „Schönen Dörfer im Landkreis Wolfenbüttel" zu beginnen. Vom Rittergut Lucklum aus führt die Tour in nördliche Richtung nach Veltheim. Dort angekommen, ist ein kurzer Abstecher zur historischen Wasserburg und zur Kirche St. Remigius obligatorisch. Die aus dem 12. Jahrhundert stammende Wasserburg ist auch heute noch im Besitz der Familie von Veltheim.

Anschließend durchqueren Sie die umliegende Feldmark in Richtung Hemkenrode. Dort können Sie auf dem weiteren Weg nach Destedt einen herrlichen Blick in Richtung Braunschweig genießen.

In Destedt selbst ist das Renaissanceschloss Destedt mit seinem sehenswerten Schlosspark die nächste Station der Tour. Die aus dem Mittelalter ehemals als Wasserburg entstandene Schlossanlage ist ebenfalls im Familiensitz derer von Veltheim. Ein englischer Landschaftspark mit einzigartigem Baumbestand und einem Palmenhaus umgibt das Schloss und ist ohne Fahrrad für Besucher frei zugänglich. Destedt wird anschließend in nordöstlicher Richtung verlassen, um kurz darauf Abbenrode zu erreichen. Hier sollten Sie der von weitem sichtbaren Bockwindmühle Abbenrode (Stempelstelle 37) einen kurzen Besuch abstatten. Im Umfeld der von Müller August Kräker 1880 errichteten Mühle befindet sich eine kleine Ausstellung mit historischen Ackergeräten sowie das einladende Mühlencafé.

Wasserburg Veltheim

Schloss Destedt mit Schlosspark

19 SCHÖNE-DÖRFER-ROUTE

Die Route führt Sie jetzt über Gardessen nach Schandelah. Im Zentrum des Ortes befindet sich die evangelisch-lutherische Kirche St. Georg mit ihrem gotischen Westturm. Von hier aus geht es weiter zum nördlich des Ortes befindlichen Jurameer Schandelah (Stempelstelle 38). Das Landschaftsschutzgebiet Schandelaher Wohld, ein ehemals militärisch genutztes Gebiet, wird quasi umfahren und abseits der Straßen führt die Route vom Infopunkt Schandelaher Wohld nach Hordorf. Es geht durch naturnahe Bereiche ins Naturschutzgebiet Weddeler Teiche und weiter ins Waldgebiet Buchhorst.
Am östlichen Waldrand entlang erreichen Sie den „Schöppenstedter Turm", früher ein Wehrturm der Stadt Braunschweig, heute ein kleines Gewerbegebiet.

Von hier aus führt Sie die Tour über Hötzum nach Apelnstedt, dessen Friedenskirche direkt auf der Strecke liegt.
Die Schlussetappe der Tour verläuft von Apelnstedt aus am Wiesengraben entlang bis nach Volzum und über Neuerkerode letztlich zurück zum Ausgangspunkt der Tour, dem Rittergut Lucklum.

Bockwindmühle in Abbenrode

Landschaftsschutzgebiet Schandelaher Wohld

STRECKENINFO

Länge	44,6 km
Anstiege	250 Hm
Asphalt	60 %
Schotter	35 %
Pfade	5 %

Schwierigkeit	Mittel
Fahrtechnik	●●○○○
Kondition	●●○○○

Braunschweig
Königslutter
Essehof
Hordorf
Rotenkamp
Rieseberg
Scheppau
Schapen
Weddel
Schandelah
Lauingen
Gardessen
Bornum
Klein Schöppenstedt
Cremlingen
Abbenrode
Schulenrode
Destedt
Hemkenrode
Hötzum
Sickte
Veltheim
Mascherode
Neuerkerode
Eckerode
Lucklum
Volzum
Salzdahlum
Apelnstedt
Evessen
Gilzum
E L M
A39
A36
B1
Schunter
Oker
0
1,0
2,0
3,0
4,0 km
Startpunkt
© OpenStreetMap-Mitwirkende
www.FreeMap.de
1 Rittergut Lucklum
2 Wasserburg Veltheim
3 Schlosspark Destedt
1 St. Remigius
2 St. Georg
3 Friedenskirche
1 Jurameer Schandelah
2 Wohld
Bockwindmühle Abbenrode
Buchhorst
Schöppen-stedter Turm

20 ÖLPER-ROUTE

An der Seilscheibe in Grasleben

DER ÖLPER, EIN WALDSTÜCK, EINGERAHMT VON DEN ORTEN GRASLEBEN, QUERENHORST, AHMSTORF UND BARMKE, HAT DIESER TOUR IHREN NAMEN GEGEBEN. DAS EHEMALIGE FORSTHAUS BEFINDET SICH AM SÜDWESTLICHEN RAND DES WALDES. EINGEBETTET IN DIE NATURLANDSCHAFT VERLÄUFT DIESE RADTOUR AUF VORWIEGEND BEFESTIGTEN WEGEN UND BEGEISTERT MIT DEN SEHENSWÜRDIGKEITEN RECHTS UND LINKS DES STRECKENVERLAUFES.

TOURBESCHREIBUNG

Der Start- und Endpunkt dieser Tour befindet sich in Grasleben am Freizeitbad. Es handelt sich bei dieser Tour um eine Rundroute, sodass die Tour alternativ an jedem anderen Ort der beschriebenen Strecke begonnen und beendet werden kann.

Bei der Fahrt durch Grasleben wird sofort erkannt, dass die Salzförderung hier eine prägende Rolle spielt. Eine historische Lore, die an die 100-Jahr-Feier des Steinsalzwerks 2011 erinnert, sowie die Seilscheibe der Schachtanlage Braunschweig-Lüneburg I weisen genauso eindrucksvoll darauf hin, wie der weithin sichtbare Förderturm.

Nach dem Verlassen dieses geschichtsträchtigen Ortes führt die Route durch naturnahe Bereiche nach Querenhorst. Im späten Frühjahr kann man mit etwas Glück hier Jungstörche in ihren Nestern beobachten und auf dem weiteren Weg durch das Dorf kommt man an der Alten Schule vorbei, die mit ihrem markanten Glockenturm schon von weitem sichtbar ist.

Die Reise wird nun in südwestlicher Richtung fortgesetzt und vorbei an der sogenannte Gänseweide wird Ahmstorf erreicht. Nachdem der südwestliche Rand des Ölper umfahren ist, folgt kurz vor Rottorf die ehemalige Eisenerzgrube (Stempelstelle 39). Die dort befindliche Informationstafel vermittelt alles Wissenswerte über die Geschichte des Erzabbaus in der Region. Der nächste Orientierungspunkt auf der Tour ist nun der Schornstein der Alten Brennerei in Barmke. Das spätklassizistisch-historistische Gebäude steht an exponierter Stelle und ist neben der Kirche das architektonische Wahrzeichen des Ortes.

Von Barmke aus führt die Route durch den Lappwald nach Mariental mit dem Zisterzienserkloster. Es wurde im Jahre 1138 durch Pfalzgraf Friedrich II. von Som-

Freizeitbad Grasleben

Eisenerz in Rottorf

merschenburg gegründet und gehört zur sogenannten Altenberger Filiation (Tochterkloster).

Der Weg zurück zum Ausgangspunkt führt über Mariental-Horst nach Grasleben. Der Markgrafsche Hof (Stempelstelle 40), der direkt an der Route liegt, lädt noch zu einer Besichtigung ein, bevor der Ausgangspunkt am Freizeitbad Grasleben wieder erreicht ist.

Markgrafscher Hof

Zisterzienserkloster Mariental

STRECKENINFO

Länge .... 32,6 km
Anstiege .... 300 Hm
Asphalt .... 65 %
Schotter .... 30 %
Pfade .... 5 %

Schwierigkeit .... Mittel
Fahrtechnik .... ●●○○○
Kondition .... ●●○○○

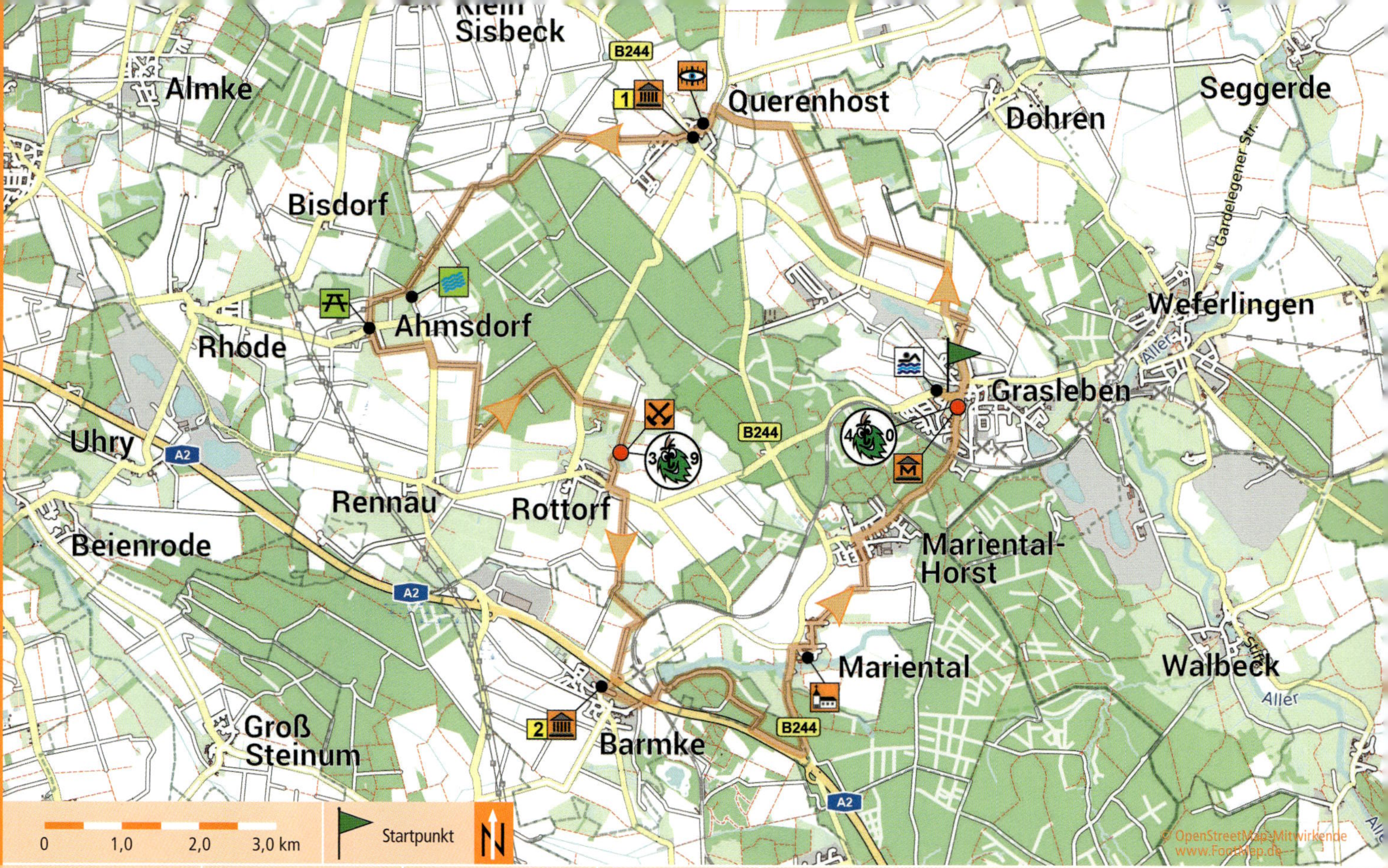

Klein Sisbeck
Almke
Querenhost
Döhren
Seggerde
Gardelegener Str.
Bisdorf
Weferlingen
Ahmsdorf
Rhode
Grasleben
Uhry
Rennau
Rottorf
B244
A2
Beienrode
Mariental-Horst
Mariental
Walbeck
Aller
Barmke
Groß Steinum

0 1,0 2,0 3,0 km

Startpunkt

© OpenStreetMap-Mitwirkende
www.FootMap.de

 1 Alte Schule Querenhorst
2 Alte Brennerei Barmke

Zisterzienserkloster Mariental

 Der Markgrafsche Hof Museum Grasleben

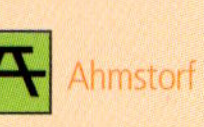 Eisenerzgrube Rottorf

 Ahmstorf

 Gänseweide

 Freizeitbad

 Storchennest Querenhorst

21 GRENZ-KULTOUR

Grenzdenkmal Hötensleben

IM FOKUS DER TOUR STEHT DAS EHEMALIGE GRENZGEBIET, DAS DEUTSCHLAND IN OST UND WEST GETEILT HAT. DIE GEDENKSTÄTTE DEUTSCHE TEILUNG MARIENBORN, DAS GRENZDENKMAL HÖTENSLEBEN, DIE GRENZWANDERUNG IN OFFLEBEN UND DIE ERINNERUNGSSÄULE FLUCHTPUNKT WIRBKE SIND STILLE ZEITZEUGEN DER DEUTSCHEN GESCHICHTE UND LASSEN DAS LEBEN AN DER EHEMALIGEN INNERDEUTSCHEN GRENZE QUASI WIEDER LEBENDIG WERDEN. NEBEN DEN GRENZERLEBNISSEN SIND SELBSTVERSTÄNDLICH AUCH DIE AUF DER ROUTE LIEGENDEN SEHENSWÜRDIGKEITEN IN DIE TOUR EINGEBUNDEN.

TOURBESCHREIBUNG

HINWEIS: Tour ist nicht ausgeschildert.

Der Start- und Endpunkt dieser Tour befindet sich auf der Gedenkstätte Deutsche Teilung Marienborn. Es handelt sich bei dieser Tour um eine Rundroute, sodass die Tour alternativ an jedem anderen Ort der beschriebenen Strecke begonnen und beendet werden kann.
Nach einer ausgiebigen Besichtigung der Gedenkstätte folgt der sportliche Teil dieses Rückblicks auf die jüngste deutsche Geschichte.
Das Gelände der Gedenkstätte wird verlassen und auf der Kreisstraße 1373 führt die Tour in Richtung Harbke. Gleich am Ortsrand von Harbke befindet sich der Schlosspark, dem Sie einen Abstecher widmen sollten (Rad bitte schieben), denn mit St. Levin, Schloss, Orangerie, chinesischer Mauer und Ginkgo-Baum ist er ein Kleinod auf dieser Rundtour.

Weiter führt die Route in Richtung Sommersdorf. Circa 1,7 km hinter dem Ortsausgang von Harbke befindet sich die Erinnerungssäule „Fluchtpunkt Wirbke" (Stempelstelle 42).
Über Sommersdorf, Hohnsleben und Reinsdorf verläuft die Strecke nach Offleben mit dem Grenzwanderweg. Ein kurzer Abstecher zur 2. Station „am Tuskulum" ist lohnenswert, denn von der Anhöhe hat man einen beeindruckenden Blick in die Region.
Zurück auf der eigentlichen Strecke geht es zügig weiter in Richtung Hötensleben. Kurz vor dem Ortseingang wird die Straße nach rechts verlassen und dem Plattenweg gefolgt. Nach 350 m befindet sich auf der linken Seite das Gedenkkreuz für die hier 1951 zu Tode gekommene Ordensfrau Sigrada Maria Witte. Der Plattenweg führt anschließend direkt zum Kommandoturm am Grenzdenkmal Hötensleben (Stempelstelle 41).

Gedenkstätte Deutsche Teilung Marienborn

Grenzwanderung Offleben 4. Station ehemalige Gaststätte Grenzblick

Von dort hat man einen freien Blick auf die vollständig erhaltene Sperranlage und bekommt eine Vorstellung davon, wie aufwendig die innerdeutsche Grenze seinerzeit gesichert worden ist. Zahlreiche Informationstafeln geben detaillierte Auskunft über die Grenzbefestigung und ermöglichen damit einen umfassenden Einblick in das Leben mit der Grenze. Nach der Besichtigung des Grenzdenkmals wird es Zeit für den Rückweg. Auf dem Weg nach Völpke wechseln sich Straße, Radweg, Spurplattenbahn und Kopfsteinpflaster ab und im weiteren Verlauf der Strecke nach Sommerschenburg ist es ein teilweise erdfester Weg, der bewältigt werden muss. Die Mühe lohnt sich aber, denn im ehemaligen Erzabbaubereich Sommerschenburg gibt es nicht nur herrliche Seen, sondern auch umfassende Informationen über die damaligen Abbauarbeiten.

Vorbei am Schloss führt die Tour durch eine herrliche Hügellandschaft nach Marienborn, wo kurz hinter dem Ortseingang die Marienkapelle steht. Orangerie und der historische Dorfkern mit der Klosterkirche St. Marien runden den Gesamteindruck dieses schönen Ortes ab. Jetzt heißt es noch einmal kräftig in die Pedale treten und nach kurzer Zeit ist der Ausgangspunkt der Tour, die Gedenkstätte Deutsche Teilung Marienborn, wieder erreicht.

Grenzwanderung Offleben 2. Station am Tuskulum

Auf dem Grenzdenkmal Hötensleben

STRECKENINFO

Länge	38,7 km
Anstiege	370 Hm
Asphalt	75 %
Schotter	20 %
Pfade	5 %

Schwierigkeit	Mittel
Fahrtechnik	●●○○○
Kondition	●●○○○

Helmstedt
Morsleben
Eimersleben
Alleringersleben
Ostingersleben
Marienborn
Belsdorf
Harbke
Welfensleben
Frellstedt
Wolsdorf
Warberg
Kraftwerk Buschhaus
Lappwaldsee
Büddenstedt
Sommerschenburg
Sommersdorf
Hohnsleben
Reinsdorf
Esbeck
Ummendorf
Badeleben
Eilsleben
Tagebau Schöningen
Offleben
Schöningen
Völpke
Wormsdorf
Hoiersdorf
Twieflingen
Hötensleben
Barneberg
Üplingen
Gehringsdorf
0 1,0 2,0 3,0 km
Startpunkt
© OpenStreetMap-Mitwirkende
www.FootMap.de
1 St. Levin
2 Marienkapelle Marienborn
3 Klosterkirche St. Marien
1 Schloss Harbke
2 Orangerie Marienborn
1 Info „Am Tuskulum"
2 Info ehem. Gaststätte Grenzblick
Gedenkstätte Deutsche Teilung Marienborn
Ehem. Eisenerzbergbau Sommerschenburg
Grenzdenkmal Hötensleben
Erinnerungssäule „Fluchtpunkt Wirbke"
Rastplatz König Friedrich Wilhelm IV
Gedenkkreuz Ordensfrau Witte

22 LANDWEHR-ROUTE

1. Walbecker Warte

IM MITTELALTER WAR DER LAPPWALD DAS GRENZGEBIET ZWISCHEN DEM HERZOGTUM BRAUNSCHWEIG UND DEM ERZSTIFT MAGDEBURG. DIE ALTE GRENZSCHUTZANLAGE „LANDWEHR" MIT DREI WARTTÜRMEN IST IN GROSSEN TEILEN NOCH ERHALTEN. SIE ZEUGT VON UNRUHIGEN ZEITEN, IN DENEN MAN SICH GEGEN FREMDE HEERE, RAUBRITTER UND ALLERLEI GESINDEL SCHÜTZEN MUSSTE. ENTLANG DER EHEMALIGEN LANDWEHR FÜHRT DIE ROUTE INS BRUNNENTAL. DER GRENZLEHRPFAD HELMSTEDT–BEENDORF INFORMIERT HIER ÜBER DIE GRENZSICHERUNG AN DER EHEMALIGEN INNERDEUTSCHEN GRENZE.

TOURBESCHREIBUNG

HINWEIS: Tour ist nicht ausgeschildert.

Der Start- und Endpunkt dieser Tour befindet sich auf der Gedenkstätte Deutsche Teilung Marienborn.
Es handelt sich bei dieser Tour um eine Rundroute, sodass die Tour alternativ an jedem anderen Ort der beschriebenen Strecke begonnen und beendet werden kann. Kurz nach Verlassen der Gedenkstätte wird schon die erste Sehenswürdigkeit der Tour, der Beobachtungsturm A1 der ehemaligen Grenzübergangsstelle, erreicht. Der Turm ist zwar nicht mehr zugänglich, man kann sich aber gut vorstellen, dass die Grenzsoldaten von oben einen guten Blick auf das Geschehen an der Grenzübergangsstelle Helmstedt - Marienborn hatten. Nach einer weiteren Passage auf dem Kolonnenweg beginnt der geschichtliche Rückblick in das 13. und 14. Jahrhundert.

Die Magdeburger Warte (Stempelstelle 43) ist Zeitzeuge der damaligen Grenzbefestigung und das Besteigen des Turms obligatorisch. Der Blick auf Elz, Eitz, Elm und Harz mit seinem höchsten Gipfel, dem Brocken (1141 m), ist beeindruckend. Die alten Warttürme in Helmstedt, die einst zur Grenzbefestigung gehörten, sind aufgrund der dichten Baumkronen von hier aus leider nicht mehr zu sehen. Vorbei an der Zigarrenhöhe und der Schutzhütte Großer Wald führt die Route auf befestigten Waldwegen zur 1. Walbecker Warte. Der damalige Schutzwall ist hier noch gut erkennbar und die dortige Infotafel enthält alles Wissenswerte zur Helmstedter Landwehr und der 1. Walbecker Warte. In nördliche Richtung führt die Tour jetzt auf einer langen Gefällestrecke zur 2. Walbecker Warte (Stempelstelle 44). Auch hier gibt es wieder umfassende Informationen zu der alten Befestigungsanlage.

A1 (Wachturm)

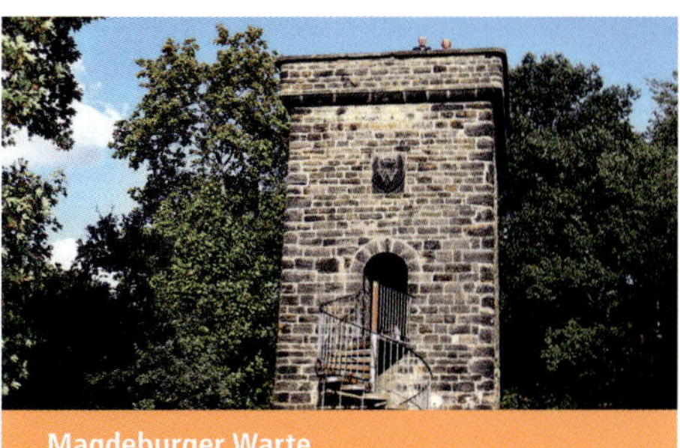

Magdeburger Warte

22 LANDWEHR-ROUTE

Nach der 2. Walbecker Warte wird das Mittelalter wieder verlassen und man ist zurück in der jüngeren deutschen Geschichte. Ein ca. 1,5 km langer Abschnitt des ehemaligen Kolonnenweges, der in Richtung Brunnental führt, ist in die Tour eingebunden. Hier sollte vorsichtig gefahren oder besser geschoben werden. Am Brunnentheater angekommen ist Bad Helmstedt erreicht und vorbei am Skulpturenpark, dem Braunschweiger Löwen und dem Berliner Bären gelangt man zum Clarabadteich. Kurz darauf wird die L 644 nach rechts verlassen und über die Brücke am Mühlenbach kommt man zum Grenzlehrpfad Helmstedt - Beendorf. Von hier aus führt die Strecke ein Stück am Mühlenbach entlang und dann nach links bergauf zum Naturerlebnispunkt Mesekenheide.

Hier angekommen bietet sich eine Pause an diesem Kleinod an und der Naturerlebnispfad lädt zu einem kurzen Spaziergang (ca. 1 km) ein.

Nach der Pause sind es nur noch 4 km durch den Lappwald, bis der Ausgangspunkt der Tour an der Gedenkstätte Deutsche Teilung Marienborn wieder erreicht ist.

2. Walbecker Warte

Grenzlehrpfad Helmstedt-Beendorf

STRECKENINFO

Länge	19,1 km
Anstiege	190 Hm
Asphalt	20 %
Schotter	75 %
Pfade	5 %

Schwierigkeit	Mittel
Fahrtechnik	●●○○○
Kondition	●●○○○

Schwanefeld
Beendorf
Groß Bartensleben
Klein Bartensleben
Morsleben
Bad Helmstedt
Helmstedt
LAPPWALD
Brunnenweg
Beendorfer Str.
Leipziger Str.
Aller
A2
B1

0 1,0 2,0 km

Startpunkt

© OpenStreetMap-Mitwirkende
www.FooMap.de

1 A1 Beobachtungsturm
2 Magdeburger Warte

3 1. Walbecker Warte

4 2. Walbecker Warte

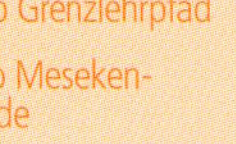
1 Info Grenzlehrpfad
2 Info Mesekenheide

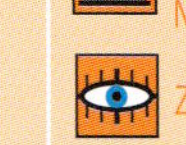
Gedenkstätte Deutsche Teilung Marienborn
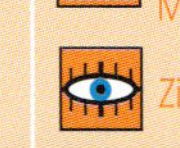

Zigarrenhöhe

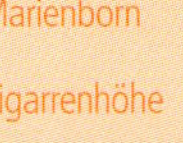

Brunnentheater

Clarateich

Schutzhütte Großer Wald

23 NORDKREIS-ROUTE

Beobachtungsplattform Velpker Schweiz

DIE NORDKREIS-ROUTE ZEICHNET SICH DURCH IHRE VIELFÄLTIGKEIT AUS. IM VORDERGRUND STEHEN SOWOHL DIE KULTURELLEN SEHENSWÜRDIGKEITEN ALS AUCH DIE NATURERLEBNISSE.
DIE ROUTE IST GLEICHZEITIG AUCH EIN BINDEGLIED ZWISCHEN DEN LANDKREISEN BÖRDE UND HELMSTEDT SOWIE DER STADT WOLFSBURG, DENN SIE VERKNÜPFT NEBEN DER ÖLPER- UND VELPKER SCHWEIZ-ROUTE AUCH DEN ALLER-RADWEG.

TOURBESCHREIBUNG

Der Start- und Endpunkt dieser Tour befindet sich am Rathaus in Velpke. Es handelt sich bei dieser Tour um eine Rundroute, sodass die Tour alternativ an jedem anderen Ort der beschriebenen Strecke begonnen und beendet werden kann.

Vom Rathaus aus führt die Tour in Richtung Norden auf dem straßenbegleitenden Radweg in die Velpker Schweiz. Hier sind bis ca. 1940 zahlreiche Sandsteinbrüche betrieben worden. Seit der Stilllegung hat sich im ehemaligen Steinbruchgelände eine idyllische Wasserlandschaft ausgebildet. Ein kurzer Abstecher zur Beobachtungsplattform und dem Findlingsgarten (Stempelstelle 45) sollte auf jeden Fall eingeplant werden. Über Wahrstedt und Gut Büstedt geht es weiter zur ehemaligen innerdeutschen Grenze. Eine große Infotafel stellt anschaulich den damaligen Grenzverlauf und die Sicherungsanlagen dar und ein Denkmal an der Brücke erinnert an die Deutschen Teilung.

Kurz darauf ist Oebisfelde erreicht und gleich am Stadteingang befindet sich die Sumpfburg Oebisfelde mit dem daneben befindlichen Burg- und Heimatmuseum. Durch die Oebisfelder Innenstadt führt die Route dann wieder nach Osten hinaus in die Feldmark.

Durch eine herrliche Landschaft mit einer schönen Fernsicht geht es auf Feldwegen nach Gehrendorf und anschließend über die Aller nach Bahrdorf. Auf einer wenig frequentieren Landstraße geht es nun in Richtung Saalsdorf. Der Turm der Kirche St. Johannes-Baptista ist schon von weitem zu erkennen und über Mackendorf führt der Rundkurs weiter in westliche Richtung nach Querenhorst. Wer zur richtigen Jahreszeit nach Querenhorst kommt, hat bestimmt das Glück, Jungstörche in ihrem Horst beobachten zu können. Auf dem weiteren Weg durch den Ort wird Ihr Blick noch auf die Alte

Grenzdenkmal Oebisfelde

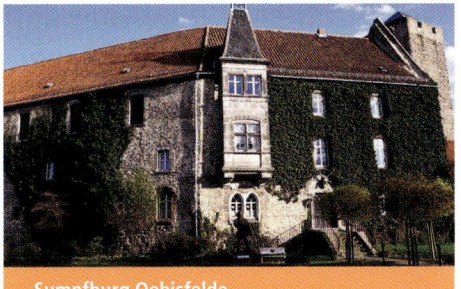

Sumpfburg Oebisfelde

Schule mit ihrem markanten Turm fallen.
Nach einer kurzen Strecke über Feldwege führt die Tour anschließend vorbei an idyllischen Teichen durch Papenrode und weiter nach Groß Twülpstedt mit der Kirche St. Maria St. Cyriakus. In Klein Twülpstedt heißt es bei Bio Hansmann (Stempelstelle 46) noch einmal in die Bremse zu greifen und eine kurze Pause einzulegen. Danach beginnt die ca. 6 km lange Schlussetappe durch die Feldmark zurück zum Ausgangspunkt der Tour am Rathaus in Velpke.

Jungstorch in Querenhorst

Bio Hansmann Klein Twülpstedt

STRECKENINFO

Länge	43,8 km
Anstiege	300 Hm
Asphalt	80 %
Schotter	20 %
Pfade	0 %

Schwierigkeit	Mittel
Fahrtechnik	●●○○○
Kondition	●●○○○

Wolfsburg
Danndorf
Vorsfelder Str.
Velpke
Oebisfelde
Niendorf
Oebisfelder Str.
Bösdorf
Gehrendorf
Rätzlingen
Meinkot
Hehlingen
Klein Twülpstedt
Groß Twülpstedt
Bahrdorf
Lockstedt
Papenrode
Volkmarsdorf
Everingen
Rickensdorf
Saalsdorf
Groß Sisbeck
Klein Sisbeck
Mackendorf
Almke
Querenhorst
Döhren
Seggerde
Klinze
Glentorf
Gardelegener Str.
Aller
Ohre
0 1,0 2,0 3,0 km
Startpunkt
© OpenStreetMap-Mitwirkende
www.FootMap.de
1 Info Velpker Schweiz
2 Info Findlingsgarten
3 Info Ehemalige Grenzanlagen
1 St. Johannes-Baptista
2 St. Maria und St. Cyriakus
Sumpfburg Oebisfelde
Burg- und Heimatmuseum Oebisfelde
Alte Schule Querenhorst
Storchennest Querenhorst
Bio Hansmann

24 VELPKER SCHWEIZ-ROUTE

Velpker Schweiz

Kiesteich in der Velpker Schweiz

DIE VELPKER SCHWEIZ-ROUTE BEGEISTERT MIT IHREN LANDSCHAFTLICHEN REIZEN ABER AUCH MIT ZAHLEICHEN SEHENSWÜRDIGKEITEN. DIE BURG NEUHAUS ODER DIE SUMPFBURG OEBISFELDE LIEGEN GENAUSO AUF DER TOUR WIE DER ALLERPARK ODER DER FINDLINGSGARTEN IN DER VELPKER SCHWEIZ. EIN ABSTECHER IN DIE AUTOSTADT IN WOLFSBURG MACHT DIESE TOUR ZU EINEM GANZTÄGIGEN AUSFLUG.

TOURBESCHREIBUNG

Der Start- und Endpunkt dieser Tour befindet sich am Rathaus in Velpke. Es handelt sich bei dieser Tour um eine Rundroute, sodass die Tour alternativ an jedem anderen Ort der beschriebenen Strecke begonnen und beendet werden kann.

Vom Rathaus aus führt die Tour in Richtung Wolfsburg zum nord-westlichen Ortsausgang.

Auf befestigten Waldwegen geht es jetzt in zügiger Fahrt durch das Hehlinger Holz nach Neuhaus, wo bei einem ersten Zwischenstopp die Burg besichtigt werden kann. Nachdem Reislingen durchfahren ist, wird der östliche Rand von Wolfsburg erreicht. Von der Brücke über den Mittellandkanal hat man einen beeindruckenden Blick auf das VW-Werk, die Autostadt (Stempelstelle 47) und das VFL-Stadion.

Der ca. 1 km weite Abstecher zur westlich gelegenen Autostadt ist obligatorisch, denn neben dem Thema Mobilität wird hier auch ein vielfältiges Veranstaltungs- und Kulturprogramm geboten.

Zurück auf der eigentlichen Strecke geht es zum Allersee mit dem Allerpark. Ein vielfältiges Freizeitangebot lädt hier zum Verweilen ein.

Die Tour führt anschließend über Vorsfelde in den Niedersächsischen Drömling. Umfassende Informationen zu dieser herrlichen Landschaft gibt es auf zahlreichen Informationstafeln am Wegesrand.

In Grafhorst angekommen folgt man der Streckenführung der L 24 nach Breitenrode mit der liebevoll gestalteten Heimatstube.

Kurz nach dem Verlassen des Ortes ist schon die Katharinenkirche in Oebisfelde am Horizont zu erkennen.

Auch in Oebisfelde sollte man sich etwas Zeit nehmen, denn die Sumpfburg mit dem Burg- und Heimatmuseum und der Park an der Mühlenaller sind sehenswert.

Burg Neuhaus

VW-Werk, Autostadt und VFL Stadion

24 VELPKER SCHWEIZ-ROUTE

Zwischen Oebisfelde und dem Gut Büstedt verläuft entlang der Aller die ehemalige innerdeutsche Grenze. Ein Denkmal an der Brücke erinnert an die Deutsche Teilung und auf der dortigen großen Infotafel ist der damalige Grenzverlauf und dessen Sicherung umfassend dargestellt. In Wahrstedt wird die Kreisstraße nach Norden auf einem zunächst befestigten Feldweg verlassen und kurze Zeit später ist auch schon die Velpker Schweiz erreicht. Am östlichen Rand des Waldgebietes befindet sich der Findlingsgarten, der zu einer Besichtigung einlädt.

Zurück auf dem Hauptweg führt die Route nun zwischen den ehemaligen Kiesteichen entlang in westliche Richtung und ein letzter Abstecher zur Beobachtungsplattform (Stempelstelle 48) wird bleibende Eindrücke von dieser idyllischen Landschaft vermitteln.
Ca. 1 km später ist der Ausgangspunkt der Tour am Velpker Rathaus wieder erreicht.

Sumpfburg Oebisfelde

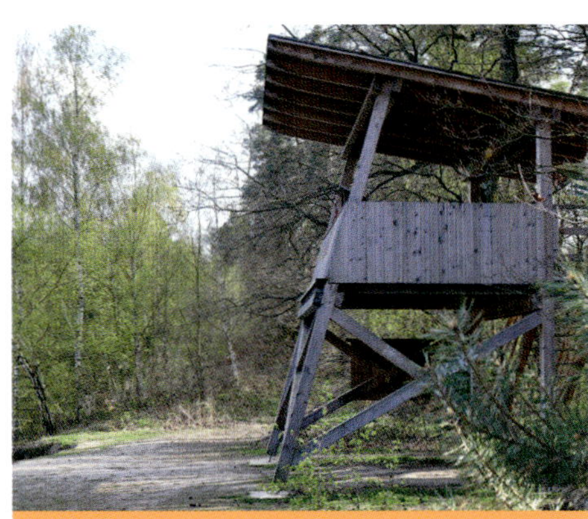

Beobachtungsplattform Velpker Schweiz

STRECKENINFO

Länge	33,8 km
Anstiege	140 Hm
Asphalt	65 %
Schotter	30 %
Pfade	5 %

Schwierigkeit	Mittel
Fahrtechnik	●●○○○
Kondition	●●○○○

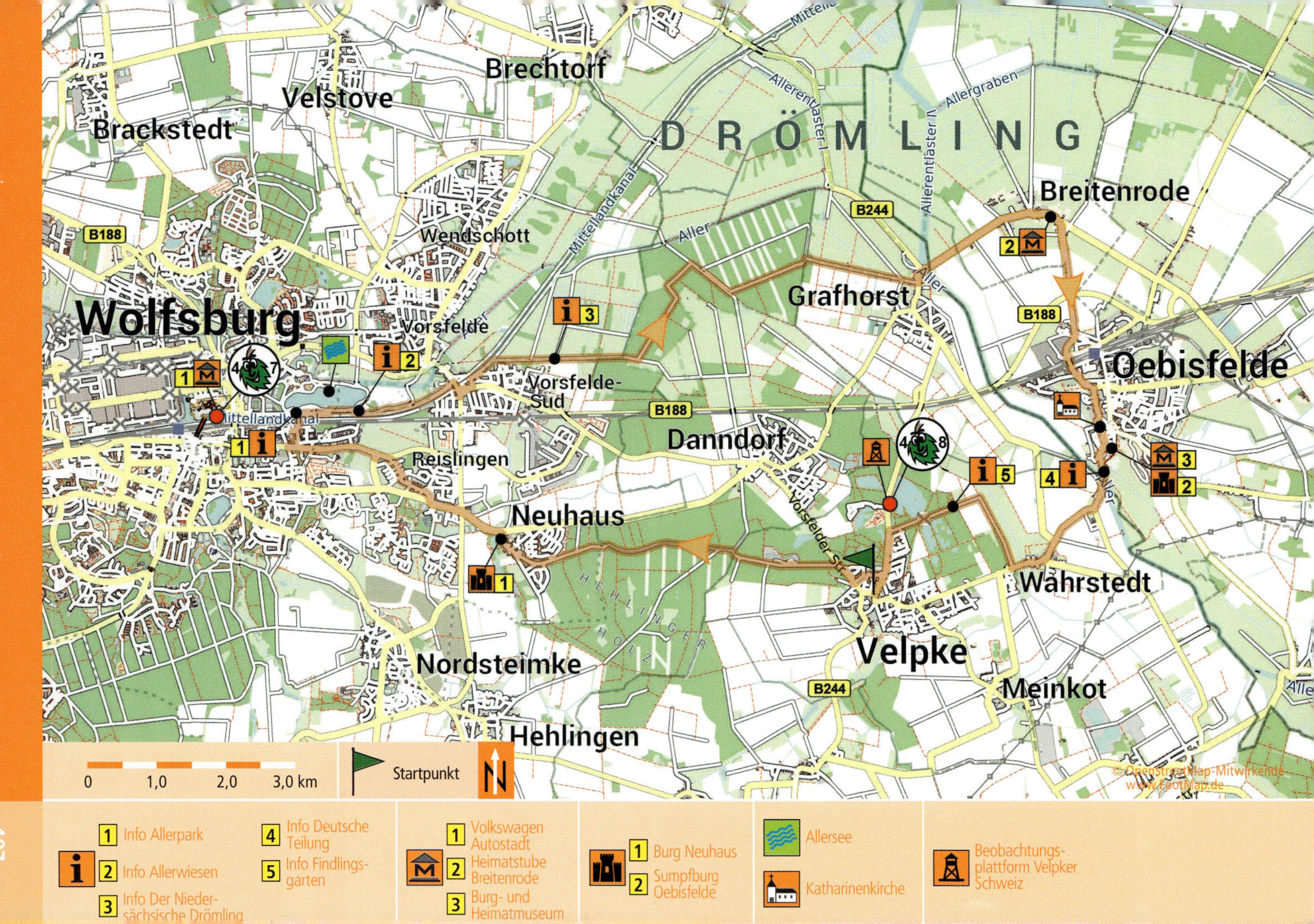
Brechtorf
Velstove
Brackstedt
D R Ö M L I N G
Breitenrode
Wendschott
Grafhorst
Wolfsburg
Vorsfelde
Vorsfelde-Süd
Oebisfelde
Mittellandkanal
Danndorf
Reislingen
Neuhaus
Wahrstedt
Velpke
Nordsteimke
Meinkot
Hehlingen
Aller
Allergraben
Allerentlaster I
Allerentlaster II
Vorsfelder Str.
B188
B244
0
1,0
2,0
3,0 km
Startpunkt
© OpenStreetMap-Mitwirkende
www.FootMap.de
1 Info Allerpark
2 Info Allerwiesen
3 Info Der Niedersächsische Drömling
4 Info Deutsche Teilung
5 Info Findlingsgarten
1 Volkswagen Autostadt
2 Heimatstube Breitenrode
3 Burg- und Heimatmuseum
1 Burg Neuhaus
2 Sumpfburg Oebisfelde
Allersee
Katharinenkirche
Beobachtungsplattform Velpker Schweiz

25 WESTERBURG-ROUTE

Wasserschloss Westerburg

ZIEL DIESER RADTOUR DURCH DAS GROSSE BRUCH IST DAS WASSERSCHLOSS WESTERBURG BEI DEDELEBEN.
DAS WASSERSCHLOSS WESTERBURG IST EINE DER ÄLTESTEN UND DABEI AM BESTEN ERHALTENEN NIEDERUNGSBURGEN IN DEUTSCHLAND UND BLICKT AUF EINE ÜBER 1.000JÄHRIGE WECHSELVOLLE GESCHICHTE ZURÜCK. DAS WASSERSCHLOSS, SO WIE ES HEUTE ZU BEWUNDERN IST, HAT SICH AUS BESCHEIDENEN ANFÄNGEN UNTER DEN VERSCHIEDENSTEN HERREN, BESITZERN UND VERWALTERN ZU EINER KLEINEN BURG ENTWICKELT.

TOURBESCHREIBUNG

HINWEIS: Tour ist nicht ausgeschildert.

Der Start- und Endpunkt dieser Tour befindet sich in der Schützenstraße in Jerxheim. Es handelt sich bei dieser Tour um eine Rundroute, sodass die Tour alternativ an jedem anderen Ort der beschriebenen Strecke begonnen und beendet werden kann.

Vom Startpunkt aus führt die Tour über Söllingen ins große Bruch, einem überwiegend landwirtschaftlich genutzten Bereich nördlich des Harzes, der sich auf ca. 40 km Länge zwischen Hornburg und Oschersleben in West-Ost-Richtung erstreckt. Während der deutschen Teilung ist die Grenze zur DDR auf 15 km Länge mitten durch dieses Gebiet verlaufen, heute trennt sie die Bundesländer Niedersachsen und Sachsen-Anhalt.

Die Söllinger Feldmark ist durch die Erzeugung von Windenergie geprägt und die Windräder sind schon von weitem sichtbar. Das dort befindliche Erlebnisland Windenergie (Stempelstelle 50) lädt zu einer ersten längeren Pause ein. Auf einer kleinen Entdeckungsreise wird an neun Stationen die Technik der Windenergie erklärt. Weiter führt die Strecke durch die Feldmark und auf dem alten Bahndamm der Bahnstrecke Braunschweig - Magdeburg wird der ehemalige Grenzgraben, die Schöninger Aue, überquert. In Sachsen-Anhalt verläuft die Route über Wackersleben und Gunsleben nach Aderstedt, wo die Badeanstalt in den Sommermonaten zu einer Abkühlung einlädt.

Ist anschließend Vogelsdorf durchfahren, ist das eigentliche Ziel der Tour, das Wasserschloss Westerburg, schon aus der Ferne zu erkennen. Für die Besichtigung des Schlosses und die Erkundung des Parks sollte ausreichend Zeit eingeplant werden und das Restaurant lockt mit kulinarischen Köstlichkeiten.

Windpark in der Söllinger Feldmark

Der Große Graben bei Gunsleben

25 WESTERBURG-ROUTE

Von der Westerburg aus führt die Route entlang des Obstlehrpfades nach Rohrsheim, wo sich auf Pollands Hof der nächste Zwischenstopp anbietet, denn die Fallstein Destillerie ist sehenswert. Bei der Fahrt durch das Große Bruch ist das nächste Etappenziel, der Heeseberg, schon von weitem zu sehen. Der Große Graben wird abermals überquert und zurück in Niedersachsen muss jetzt der lange Anstieg über Jerxheim hinauf zum Heeseberg zu gemeistert werden. Sicherlich ist auch der Turmaufstieg kräftezehrend, aber die Aussicht auf das Umland entschädigt für die Anstrengung. Im Norden ist am Horizont der Elm zu sehen und im Süden ist inmitten der Silhouette des Harzes seine höchste Erhebung, der Brocken mit 1.141 m, zu erkennen.

Das letzte Stück der Tour zurück zum Ausgangspunkt in Jerxheim ist dagegen mit Leichtigkeit zu meistern, denn bergab rollt das Rad von allein.

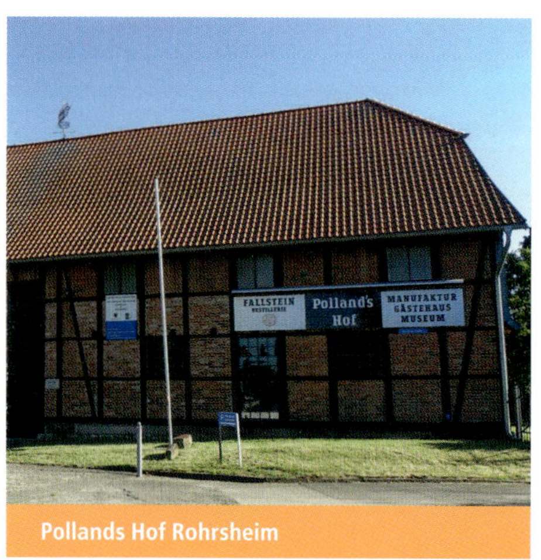

Pollands Hof Rohrsheim

Heesebergturm

STRECKENINFO

Länge	49,2 km
Anstiege	280 Hm
Asphalt	75 %
Schotter	25 %
Pfade	0 %
Schwierigkeit	Mittel
Fahrtechnik	●●○○○
Kondition	●●○○○

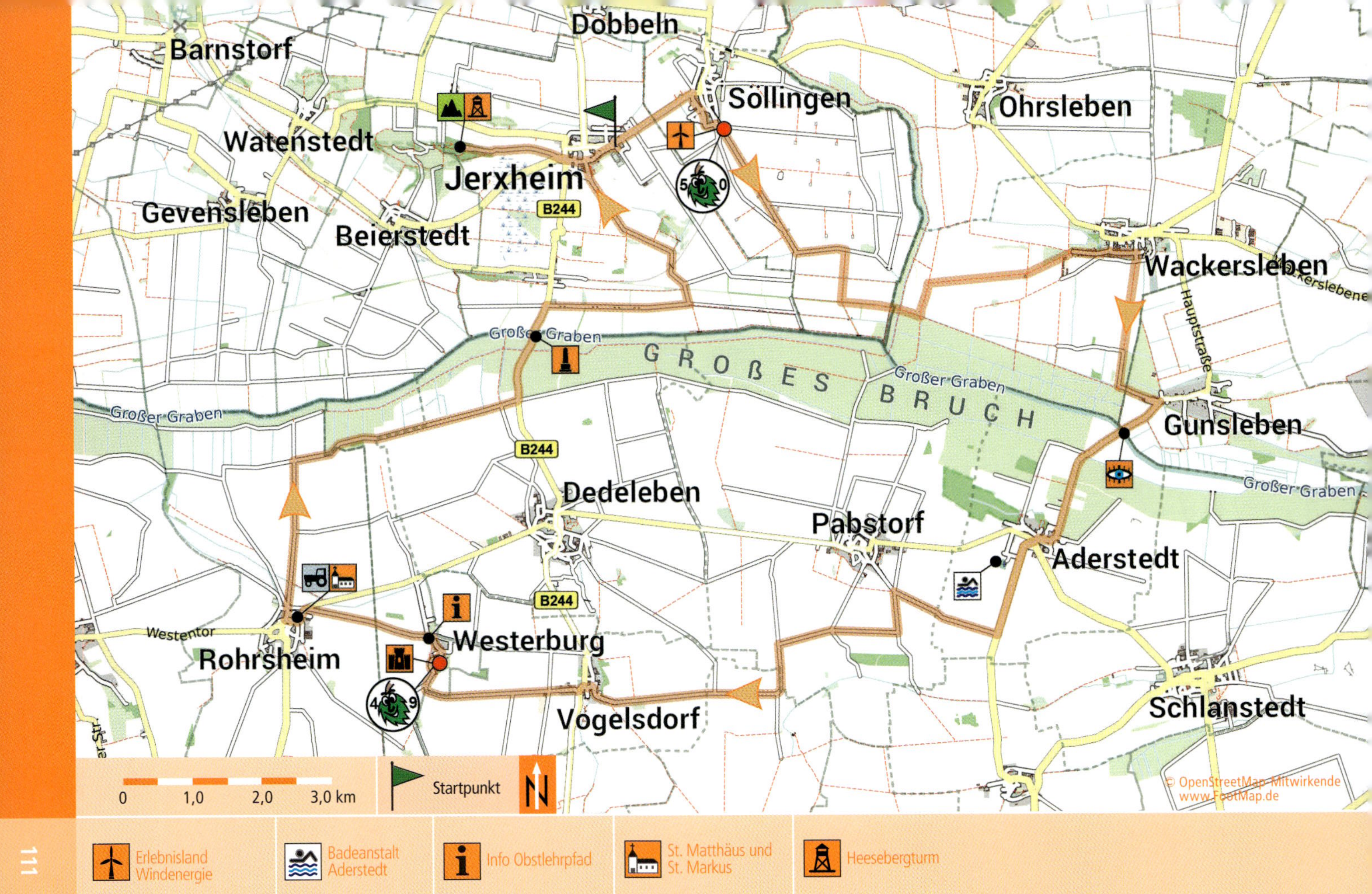
Barnstorf
Dobbeln
Söllingen
Ohrsleben
Watenstedt
Jerxheim
Gevensleben
Beierstedt
B244
Wackersleben
Hauptstraße
Großer Graben
GROßES BRUCH
Gunsleben
Dedeleben
Pabstorf
Aderstedt
Westentor
Rohrsheim
Westerburg
Vogelsdorf
Schlanstedt
0 1,0 2,0 3,0 km
Startpunkt
© OpenStreetMap-Mitwirkende
www.FootMap.de
Erlebnisland Windenergie
Der Große Graben
Badeanstalt Aderstedt
Wasserschloss Westerburg
Info Obstlehrpfad
Pollands Hof
St. Matthäus und St. Markus
Gedenkstein Grenzöffnung
Heesebergturm
Heeseberg

DER AUTOR

RADFAHREN MIT GROSSER LEIDENSCHAFT

THOMAS KEMPERNOLTE

Thomas Kempernolte wurde 1962 geboren.

Er studierte Automatisierungstechnik an der Fachhochschule Braunschweig/Wolfenbüttel.

Seit dem Diplom ist er in der Entwicklung bei Volkswagen in Wolfsburg tätig.

Als leidenschaftlicher Mountainbiker, Radfahrer und Wanderer verbringt er in seiner Freizeit viel Zeit in der Natur. Mittlerweile ist er auch weit außerhalb seiner Heimatregion, dem Naturpark Elm-Lappwald, aktiv und hat viele Eindrücke und Erfahrungen gesammelt. Aus diesem Grund möchte er Ihnen den Facettenreichtum, die vielen Kleinode und Sehenswürdigkeiten der „erkundeten" Regionen näherbringen.

Ausführliche Informationen erhalten Sie auch unter: www.elm-freizeit.de

BÜCHER

Die 15 schönsten Mehrtages-Radtouren im Naturpark Elm-Lappwald

ISBN 978-3-945715-83-3

Die 15 schönsten Mountainbike-Touren im Naturpark Elm-Lappwald

ISBN 978-3-945715-34-5

Die 25 schönsten Wandertouren im Naturpark Elm-Lappwald

ISBN 978-3-945715-13-0

Die 20 schönsten Radtouren für das Nördliche Harzvorland

ISBN 978-3-945715-85-7

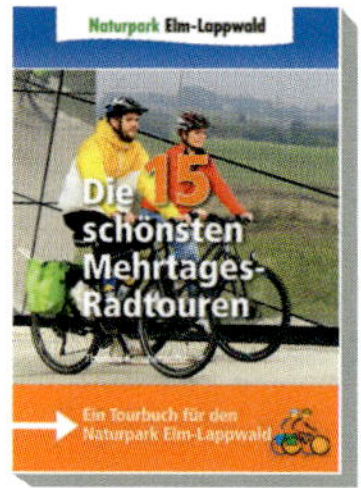

Naturpark Elm-Lappwald – Erleben
Wanderstempelbuch plus Karte

34 Prägestempel-Stellen laden dazu ein, den Naturpark Elm-Lappwald zu erkunden.

ISBN 978-3-945715-74-1

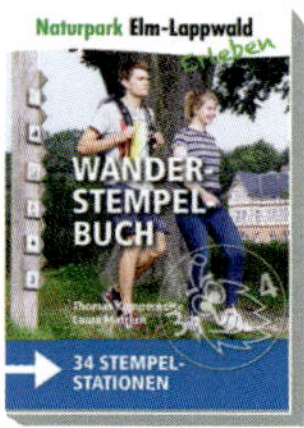

Naturpark Elm-Lappwald – Erleben
Wanderstempelbuch Familienpaket

14 Prägestempel-Stellen sind aufgrund ihrer Streckenlänge auch für kleinere Wanderinnen und Wanderer geeignet.

ISBN 978-3-945715-75-8

APPS

Die Apps zu den Tourbüchern:

- Die15 schönsten Mehrtages-Radtouren im Naturpark Elm-Lappwald
- Die 15 schönsten Mountainbike-Touren im Naturpark Elm-Lappwald
- Die 25 schönsten Wandertouren im Naturpark Elm-Lappwald
- Die 20 schönsten Radtouren für das Nördliche Harzvorland

Die Elmi-App 3.0
Naturpark Elm-Lappwald – Erleben

Die App „Naturpark Elm-Lappwald Erleben" ist Ihr digitaler Begleiter auf den Wanderungen.
Sie zeigt Ihnen Ihre aktuelle Position, die von Ihnen ausgewählte Wanderung mit der entsprechenden Tourbeschreibung und die zur Wanderung gehörende Stempelstelle.
Mit ihr können Sie nicht nur die Stempel „digital" sammeln, sondern Sie erhalten auch an jeder Info-/ Stempelstelle einen digitalen Sticker.

Alle Apps sind kostenlos erhältlich im Apple App Store und im Google Play Store.

HERZLICHEN DANK

Bei allem ehrenamtlichen Engagement kann so ein umfangreiches Projekt nicht ohne finanzielle Unterstützung umgesetzt werden.

Regionalverband Großraum Braunschweig

Landkreis Helmstedt

Tourismusgemeinschaft Elm-Lappwald